JN174501

子どもの心に本を
とどける
30のアニマシオン

岩辺泰吏 & 読書のアニマシオン研究会 編著

かもがわ出版

はじめに

あなたの町で、きみの学校で、
いちばん広い場所はどこですか?
公園ですか?
校庭ですか?
体育館ですか?
そこには、大きな森があって、銀時計をぶら下げたうさぎがいて、
たてがみをリボンで飾ったライオンがいる。
長靴をはいた猫がいて、
ほうきに乗って空飛ぶボールを追いまわす男の子たちもいる。

チョウは、なぜ飛ぶのか?
人間は、どこからやってきたのか?
宇宙は、どこまで続いているのか?
あらゆる不思議を解き、見知らぬ世界への冒険に誘い、
夢と勇気を与えてくれ、ともに歩む友を見出す。
そんな場所が、あなたの町に、きみの学校にある。
目の前の1冊の本の中にある。

子どもの心に本を届ける——
私たちは、橋を架ける人でありたいと思います。
本と子ども、子どもと子ども、子どもと世界とに、橋を架けること。
この本は、そんな願いを分かちあう笑顔の手法をおとどけします。

岩辺泰吏＆読書のアニマシオン研究会

CONTENTS
子どもの心に本をとどける 30のアニマシオン

II やってみよう！読書のアニマシオン ——————— 29

Ⅲ 図書館とアニマシオン————————145

★本書で紹介している本・絵本・紙芝居が品切れの場合は、図書館などでご覧ください。
★★本書で提案しているアニマシオンの手法を実践する際には、著作権の利用申請が必要な場合があります。著作権の利用申請については、日本書籍出版協会のガイドラインなどが参考になります。http://www.jbpa.or.jp/guideline/index.html

子どもの心に
本をとどける

読書のアニマシオン研究会代表
岩辺泰吏

1 ● 読書は世界に架ける橋

読書は世界を開く窓

〈読書は世界を開く窓〉——これは、私が子どものころ、太平洋戦争が終わって、がれきの下から日本が平和的民主的再建に励んでいた1950〜60年代に掲げられていた読書運動のスローガンです。戦争中は、読む本も制約され、情報も管理されて、ゆがんだ世界の姿が流されていました。それが終わって、自由な、開かれた交流ができるようになりました。そうして、世界の姿をまっすぐに見ることができるようになりました。

　私たち子どもにはすべてが新鮮で、学ぶ意欲に満ちて、学校に、図書館に通いました。まさに「読書は（学ぶことは）世界を開く窓」だったのです。

読書は世界に架ける橋

　こんなになんでもあふれ、満ち足りている社会にあって、今、若者・子どもたちはむしろ、「自分は何者か」「ほんとうは何をしたいのか」「世界は生きていくのに値するのか」……、とまどい、立ちどまっているように思います。世界と自分とを結ぶ確かな「橋」を求めているように、私には見えます。

　「生まれて以来、人は自分と周囲との間に、一つ一つ橋をかけ、人とも、物ともつながりを深め、それを自分の世界として生きています。この橋がかからなかったり、かけても橋としての機能を果たさなかったり、時として橋をかける意志を失った時、人は孤立し、平和を失います。この橋は外に向かうだけでなく、内にも向かい、自分と自分自身との間にも絶えずかけ続けられ、本当の自分を発見し、自己の確立をうながしていくように思います。（中略）

　　今振り返って、私にとり、子供時代の読書とは何だったのでしょう。

　　何よりも、それは私に楽しみを与えてくれました。そして、その後に来る、青年期の読書のための基礎をつくってくれました。

　　それはある時には私に根っこを与え、ある時には翼をくれました。この

　根っこと翼は、私が外に、内に、橋をかけ、自分の世界を少しずつ広げて育っていくときに、大きな助けとなってくれました。」

　これは、美智子『橋をかける――子供時代の読書の思い出』（文春文庫）のなかの言葉です。ここに語られているように、読書を通して、私たちはたくさんの「橋」を架けていきます。これが、生きる力であり、生きる見通しと勇気とを形成してくれるのだと思います。今、子どもたちにもっとも必要な力の1つが、「自ら読む力」「自主的な読み手」となって、この世界と自分とのあいだに橋を架けていく力ではないでしょうか。

心の渇きは本が潤す

　カリフォルニア大学リバーサイド校の学長であったトマス・リベラの少年時代を描いた絵本があります。パット・モーラ文『トマスと図書館のおねえさん』です。トマスの両親はメキシコからの移民労働者で、季節ごとに、冬はテキサス、夏はアイオアの農場で働いていました。トマスと弟のエンリケはおじいさんのお話が大好きでした。そんなある日、おじいさんはトマスに言いました。「トマス、わしができるお話しは、もう、ぜんぶきかせてしもうた。図書館には、もっとたくさんのお話しがある。行って、わしに新しいお話しをおしえておくれ」と。

トマスと図書館のおねえさん
ぶん：パット・モーラ
え：ラウル・コローン
やく：藤原宏之
さ・え・ら書房　2010年

　トマスは図書館に行ってみますが、なかなか入ることができません。自分は汗にまみれ、住民票もありません。すると、中からおねえさんが招き入れてくれます。そして、冷たい水を飲ませ、本を見せてくれます。別れるときには、おねえさんの名前で2冊の本を貸してくれます。トマスは、夢中になってそれを読み、家族にも読んで聞かせます。何度も通いながら、トマスは英語を覚えていきます。おねえさんは、スペイン語を教えてねと頼みます。こうして、夏

が終わる頃には、トマスはすっかり本が大好きになっていました。

　トマスが図書館に行くと、おねえさんはいつもこう言います。

「まずはじめは、お水。それから新しい本ね、トマス」

　……ここがこの本のキーとなる言葉だと思います。

　のどの渇きは水が潤しますが、心の渇きは本が潤すのだと。

　トマスは家族に支えられて大学を出ると、作家になり、大学で教えるようになりました。そして1984年、学長をしているときに亡くなりましたが、大学図書館にはトマスの名前がつけられているということです。

　今日の子どもたちにも、これは言えることではないでしょうか。物には満ち足りている子どもたちも、心は満たされていない。また、日本の子どもの6人に1人は貧困状態の家庭にあると発表されています。彼らののどの渇きと心の渇きを満たし、将来への見通しを描くことができるように励ますのは、おとなの私たちの課題であり、読書に導くことは、彼ら自身が自らの力で進路を拓いていくことになります。

2 ● 読書とアニマシオン

アニマ、アニメーター、アニマシオン

「アニマシオン」とは、「アニマ（anima）」（魂、心）に新鮮な息吹を送り込んで活性化することです。手塚治虫は、アニメーターを目指す世界の若者が尊敬するアニメ、マンガの作者ですが、アニメーションとは、1枚の絵に命を吹き込むことであるという趣旨の言葉を語っています。彼が絵に吹き込んだのは、「物語」という命であったわけです。

　さて、私たちが使っている「アニマシオン」とは、フランスから広がった社会文化アニマシオンと呼ばれる、〈ゆとりを楽しむ〉市民の自主学習運動のことです。

　フランス革命期に、「すべての人に普通教育を」という民衆教育運動が起こりました。人々が文字を読み、書き、本を読み、文章を綴る力を得て、はじめ

て自由を獲得し、自らの主人公（主権者）となることができるのだとの考えによるものです。

　ねばり強くすすめられた民衆教育運動は、1936年のヴァカンス法成立によって大きな発展を迎えます。反ファシズム人民戦線政府時代に、「すべての労働者にヴァカンスを」のキャッチフレーズとともに、2週間の有給休暇法が成立します。これにともない、安く、安心して過ごすことのできる施設設備、それを運営する組織及びスタッフが求められました。〈余暇を楽しむ〉アニマシオンセンター、それをすすめるアニメーターが、多くのNGO（市民の自主組織）によって運営されることになりました。

　ヴァカンスは1982年には5週間の連続有給休暇として制度化されていきます。これにともなって、アニマシオンはヴァカンスだけではなく、日常の生活を豊かに、元気に生きていくことを励ます活動として、多様な発展をしてきました。

　その活動をすすめるアニメーターは、1970年には「社会・教育・スポーツ・文化の活性化にあたる専門職員」として国家資格（初級、中級、上級の3段階）をもつ職業となっています。

　もちろん、ボランティアでアニマシオンを行っているアニメーターもたくさん活躍しています。読書のアニマシオンにおけるアニメーターは、「子どもと本の架け橋」ということができます。

読書のアニマシオン

〈読書のアニマシオン〉は、本来、「人生を豊かに生きる」ことを励ますアニマシオンを、読書教育にも適用し、本の世界や図書館にいざなう多様な活動です。しかし、日本で、〈読書のアニマシオン〉として注目されるようになったのは、スペインの児童文化ジャーナリスト、モンセラット・サルト（以下、モンセラット）による『読書で遊ぼうアニマシオン──本が大好きになる25のゲーム』[1]によります。

　この本の出版を契機に、各地でアニマシオンの研究会が生まれました。私た

ちの「読書のアニマシオン研究会（通称アニマシオンクラブ）」も、この年に「まなび探偵団アニマシオンクラブ」として発足しました。それは、読書活動だけではなく、子どもの生活、学びのすべてに、アニマシオンの精神をゆきわたらせたいと考えたからです。

　モンセラットは、「アニマシオンは教育、つまり子どもの力を引き出していくことです」としたうえで、「子どもが読む力をつけるには教育を必要とする」、「『読め』というだけでは、子どもは本を読むようにはならないのです」と述べています。子どもが「良い読み手となるための励ましや方向づけ」を、アニマシオンによって開発しようとしたのです。

　その特徴として、モンセラットは、「遊びの力を借りました」と述べています。そして、スペインの哲学者クトーの「遊びの要素を持つ教育活動で育った子どもは、どんな地道な仕事も生き生きと楽しむ人となり、人生を永遠の遊びに変えることができる」との言葉を引用しています[2]。

　これはユネスコの「学習権宣言」と重なる考え方です。「学習権宣言」は、こう述べています。
　——学習権とは、
　読み書きの権利であり、
　問い続け、深く考える権利であり、
　想像し、創造する権利であり、
　個人的、集団的力量を発達させる権利である。
　——学習活動は、人々を、なりゆきまかせの客体から、自らの歴史をつくる主体に変えていくものである。　　　　　　　　　　　〈堀尾輝久 訳〉
　　　　　　　　　　（1985年3月29日　第4回ユネスコ国際成人教育会議）
〈読書のアニマシオン〉は、この趣旨に立って、読書を通して、人々を自らの主人公として生きることを励ましていくものです。そういう視点で見れば、図書館（図書室）は魅力に満ちたところです。

　読書のアニマシオンは、「図書館が利用者に向けて企画し、提案し、発信す

る読書と文化へのいざないの総称である」ともいえます。[3]

　ここで、私たちは「読解」に代わる教育方法として〈読書のアニマシオン〉を提案しているのではありません。戦後、日本の国語の授業における「読解」は、単なる文法の暗記や逐条解釈として終わるのではなく、子どもたちの解釈・感想を大切にし、クラス仲間の討論によって、物語のテーマを深め、共有しようとしてきました。ただ、それがしだいに硬直してきているとの批判もあり、私たちは〈読書のアニマシオン〉を通して、文学や説明的文章の読み、文法や漢字学習、言語活動等に新しい切り口を提起することで、"学び"をいっそう活気あるものにしたいと考えています。

　〈読書のアニマシオン〉は、教授法ではありません。しかし、授業外の「遊び」でもありません。その実際を、この本を通して理解し、お役に立てていただきたいと思います。

3 ● 読書のアニマシオン、その目的と手法

　私たち「読書のアニマシオン研究会」は、〈読書のアニマシオン〉の目的と手法について次のように考えています。

3つの目的
その1 世界を発見する

　子どもたちに、「学校でいちばん広い所はどこでしょう？」と聞くと、たいてい、「体育館」「校庭」と答えます。

　そこで、「いやいや、そこへ行くと、ライオンがいて、ゾウがいて、徳川家康がいて、はてしない宇宙があって、砂漠の世界がある。怪盗ルパンがいて、探偵がいる……。そんなところがいちばん広いんじゃないかな？」と問いかけると、「図書館だ!!」という声が返ってきます。

　「図書館には何でもある」という魅力を感じさせるアニマシオンとして、「Ⅱ部7　オオカミがにげた！」や「Ⅱ部28　なぞときブックトーク」を提案して

17

います。

　図書館には、いろいろな「オオカミ」がいます。『赤ずきんちゃん』の中の
オオカミはおばあさんに化けてベッドの中にいます。『シートン動物記』の中
にもいます。『国語辞典』の中のオオカミは、文字だけで説明されています。
図書館の中のさまざまなオオカミの絵や言葉を抜き出して並べ、それぞれがど
の本から「逃げ出した」のか探偵団が推理していくのが、「オオカミがにげた！」
のワークショップです。「なぞときブックトーク」は、さらに大きな中・高校
生やおとなを対象にしています。

　アニマシオンは、この世界はまだまだ未知なるもの、不思議なもの、可能性
に満ちたものであるといざないます。

　詩人・長田弘さんが「世界は一冊の本」であると呼びかけたように、文字で
書かれた本だけではなく、「日の光り、星の瞬き、鳥の声、川の音だって、本
なのだ。…本でないものはない。世界というのは開かれた本で、その本は見え
ない言葉で書かれている。…人生という本を、人は胸に抱いている。一個の人
間は一冊の本なのだ。…」と考え、子どもたち・若者たちを、「世界を読み解く」
おもしろさへ導こうと考えています。

その2　仲間を発見する

　ある学生が、「学ぶほど孤独になっていくのが、日本の教育だと思う。高校生
のとき、先生が『(友だちのことを心配するとか) 余計なことを考えないで、しっ
かり勉強しなさい。そうしないと、この田舎から出られなくなるよ』と言われ
ました。とてもさみしい思いがしました」と話してくれたことがあります。

　6年生（女子）でも、「楽しくおしゃべりしていても、本当の友だちはできて
いない」と、詩に書いたことがありました。

　世界に踏み出していくことは、そこに必ず信頼できる、友情を抱くことので
きる友（仲間）がいると信じることです。それは、日常の協同の楽しい時間を
共有した、満ち足りた体験によって培われます。アニマシオンは、「たのしいひ
とどき」をつくり出し、"一緒にやっていける"仲間を確認する体験を大切に

します。

　2006年4月、私は第1回フランス・アニマシオン・スタディツアーに参加しました。会場は国立のアニマシオン研修センター＝INJEP（国立青少年・民衆教育研究所）。パリ政治学院のシルビー・フロリス先生は、アニマシオンにおける基本の問題として、「インターカルチャー（異文化協同）」について説明し、ワークショップを行いました。インターカルチャーとは、異なった文化をもった者同士が互いに理解し合い、協同していくにはどうしたらいいかを考えることです。シルビー先生は、その課題として3つのテーマをあげました。「**（他者の）尊重**」「**寛容**」「**ステレオタイプの克服**」です。

「特にたくさんの世代の人々が訪れる図書館にとって、それは重要な課題であり、若者を相手にした場合いつでもその局面にぶつかる。その場合、本を尊重する、場所を尊重する、他の利用者を尊重する、責任者を尊重することが大切である」と話されました。

　ステレオタイプは特別に警戒しなければなりません。「南に住んでいる人は怠け者、北の人はよく働く、日本人は従順、フランス人は規則を守らない…イスラム教徒は皆狂信的…。これらの一般化がステレオタイプである」等々。複雑なものを、簡単な言葉や簡単な概念に還元してしまうと強調されました。

　絵本『としょかんライオン』は、読み聞かせなどで、今も人気の絵本です。図書館に年取ったライオンがやってくる。ライオンは読み聞かせを聞くのが大好きで、図書館のルールを覚え、しだいに子どもにもおとなにも愛されるようになります。ある日、館長の手伝いをしていると、館長が踏み台から落ちて動くことができなくなります。ライオンはカウンターの男性スタッフに危急を伝えようとしますが、言葉がありません。そこで、大声で吠えます。

　男性スタッフは、驚いて、ライオンがルール

としょかんライオン
ミシェル・ヌードセン さく
ケビン・ホークス え
福本友美子 やく
岩崎書店　2007年

を破ったこと（「図書館で大声を出してはいけない」）を館長に伝えようとして事態を把握しますが、ライオンは図書館を去っていきます。ライオンを失った図書館には空虚な寂しさが満ちます。男性スタッフはライオンを探してまわります。そして、雨の中で座り込んでいるライオンを見つけ、もどってくるように話しかけます。

ライオンがもどった図書館に喜びが満ち、子どもたちの歓声があがります。

私は、これをインターカルチャーの作品であると受けとめています。服装、言葉、振る舞いの異なる人が、私たちの社会に加わっています。この人たちと尊重し合い、認め合って、生活していかなければなりません。そこを実にうまく伝えていると思います。私たちには「新しい仲間」を迎え入れる〈尊敬〉と〈寛容〉と〈ステレオタイプの克服〉＝インターカルチャーが必要なのです。

そのような意味において、読書は自らを社会化していく行為だと言えます。他者を受け入れ、多様な世界を共有していく自己学習です。

M.エンデの『はてしない物語』[6]の主人公・少年バスチアンは、いじめられっ子で、運動も勉強もできず、臆病者の自分はダメ人間なんだと思い込んでいます。父は仕事にうち込んでいて自分のことは心配してくれていないように見えます。ひとり、学校の体育館の屋根裏部屋で、書店から抜き取ってきた本を開くうちにその世界に惹き込まれていきます。そして、物語世界（ファンタージエン）に入り込んで、その世界の困難に挑む少年アトレーユとともに戦う。再び父の元（現実の世界）に還ってきたときは、勇気ある少年となっている。それは、ファンタージエンでの体験と、「心の友」アトレーユを得ているからであると言えます。

現実の友は、別れていったり、裏切ったり、自分よりも先に亡くなったりします。しかし、心に得た友は永遠です。世界に旅するときも、社会に出るときも一緒です。〈読書のアニマシオン〉は、二重の意味で「仲間を発見する」活動であるわけです。

その3 〈わたし〉を発見する

　紛争地では飛び交う銃弾の中を走り抜け、極限の地に暮らす人々と暮らし、砂漠の隊商と旅してきた写真家長倉洋海さんは、最新の写真集を『その先の世界へ』（2014年）と題して、こう述べています。

「いま振り返ってみれば写真を撮るという行為の裏側にいつも『自分とは何者なのか？　どこへ行くのか？　どう生き、どう死ぬのか？』という問いが張り付いていたような気がする」

　世界を知り、仲間を知ることは、私自身を問い直し、知る（発見する）ことでもあります。〈わたし〉の中に眠る力、可能性、夢に気づき、限りある人生を、納得ゆくよう、そして豊かに生きていくことを励ましていく、それがアニマシオンの仕事です。

　大学の「国語」の授業を、私は「仲間とともに楽しむ」アニマシオンの手法で行いました。「〈詩を楽しむ授業〉ということがイメージできない」という学生の声にこたえて、関根榮一の詩「むしば」の早口合戦や、まど・みちおの詩「いちばんぼし」の題名当てゲーム等しながら、声を出し、体を動かし、パフォーマンスしていきました。若者120人のパフォーマンスです。

　ある学生は、「私は、ほんとうは詩が好きだったんだ…、と思い出しました」と言いながら、こんな感想を書いてくれました。

　「大学生にもなって一番前の席で、声を出して詩を読むなんて恥ずかしい。そう思いかけた次の瞬間、もう私は〈むしば〉の暗唱に夢中だった。絶対「し」と「ば」は言わない！　机の下で、手を叩いてリズムをとっていた。なんだ、いつでも（小学校）3年生に戻れるじゃんって一安心」（学生）

　「〈いい教師にならなくてよい〉。これは、教師を目指す学生みんなに投げかけてほしい言葉だと思う。いい教師になろうと気負いすぎるあまりに、自分を見失ってしまう学生、教師は少なくないのではないだろうか。ありのままの自分が、ありのままの子どもたちをうけとめる。そして、子どもの成長を見守り、自分もまた成長する。そのような姿勢が、自然に過ごせる学級、そして学校をつくっていくのではないだろうか」（学生）

私は主として小学校教員志望の学生を教えていました。彼らは受験競争を潜り抜けながら、4年後には教員となって現場に立つという希望に燃えつつも、その精神的負担と緊張に耐えられないように見えました。みかけの明るさのかげで、心からの友だちをつくることは苦手でした。だから、授業という"場"を、アニマシオンによって体と心をほぐし、仲間と探偵団になって楽しむひとときにしたいと考えました。「よい教師になるために」ではなく、「私らしく」豊かに生きるために学ぶのだと、励ましたかったのです。

　「わたしはわたし。わたしの代わりは、世界中探したって誰もいやしない。わたしは、家族や友だちに大切にされて、今まで育ってくることができた。だからきっと自己肯定感を持つことができるし、わたしはわたしということばも、スッと入ってくるのだろうな。子どもたちにも、'私'を大切にできるわたしに育ってもらいたい。わたしを大切にすることは、わたしの周りにいるわたしを大切にすることにもつながるのだ」(学生)
アニマシオンは「〈わたし〉を発見する」活動です。

3つのコンセプト〈楽しさ・推理・協同〉

　私たちは、アニマシオンの活動にあたって、大事なコンセプトは、〈楽しさ〉と〈推理〉と〈協同〉であると考えます。

　パリ市の最初の子ども図書館は、サンミッシェルの目抜き通りをほんの少し裏側に入った下町地区にあります。その名前は「たのしいひととき」です。第1次世界大戦後にアメリカの富豪の寄付によって、ブリュッセルとパリにつくられたものです。「子どもが本を読むようになれば平和を目指すだろう」との期待があったそうですが、残念ながら第2次世界大戦は起きてしまいました。館長のヴィヴィアンヌ・エズラッティさんは、下町地区の図書館は、アニマシオンなしには存在できない、とお話されていました。

　「楽しいだけでいいのか」という声も聞かれますが、今の日本の子どもたちの状況を見ると、「楽しい」ということがとりわけ大切な課題であると、私たちは考えています。

〈楽しさ〉が、ワクワクとした参加意識を盛り上げ、「もっと知りたい！」「その本を読んでみたい！」という知的好奇心を育てていきます。

〈推理〉は、「問い」をもって本を読むことを学びます。「Ⅱ部1　これ、だれのもの？」では、登場人物のふるまいや会話を書き出したカードを読みあげ、その回答を考えることによって、人物の特徴を深めていくように導いています。また、「Ⅱ部3　クイズでたたかおう」では、子どもたちが互いに考えたクイズを出し合い、物語の内容を確かめ合っていきます。

〈推理〉によって、本の読み方、ストーリーの見通し、物語のおもしろさに気づいていきます。「推理」が「問う力」を育てていきます。

〈協同〉はアニマシオンそのものの基本的な精神です。物語の森を仲間とともに歩きまわるおもしろさによって、仲間を育てていきます。

〈楽しさ〉〈推理〉〈協同〉は不可分の1つのコンセプトとも言えます。モンセラットはこのことを、次のように書いています。

「理解し、楽しみ、深く考える。

この3つが、作戦の目指すゴールです。これらを可能にするレクリエーション的要素のある読書こそ、子どもの個性を伸ばして未来を生き抜く力を蓄えるものです」[8]

4 ● やってみよう！ 読書のアニマシオン

アニメーター（アニマトゥール＝フランス語、アニマドール＝スペイン語、アニマトーレ＝イタリア語）は、単純化すれば〈楽しませる人〉です。それは「消費者」としての楽しみではなく、「生産者」として、つまり「わたしの人生を豊かに創っていく人」であるように励ましていく「文化の仲介者」（ドミニク・アラミシェル）[9]です。私たちおとなは、「子ども（若者）応援団」です。まず、私たちがアニメーターになりましょう。

さあ、やってみましょう、読書のアニマシオン！

子どもから出発

　アニマシオンをやるために、子どもがあるのではありません（もちろん、子どもだけが対象というのではありませんが）。子どもがあって、アニマシオンがあるのです。目の前の子どもたちが、どんな悩みを抱え、どんなことに喜びを感じているのか。子どもの期待に応えるのが、私たちの役割です。

　「Ⅱ部11　絵本で食べよう！」の対象は、特別支援学級の子どもたちです。この子たちの学校生活体験を豊かにしたいとの願いから、調理する活動にいざなう絵本を選んで、読み聞かせから実際の調理をとり入れ、一緒に食べる「たのしいひととき」を組んでいます。

目的をはっきりもつ

　目的をはっきりさせましょう。「Ⅱ部6　図書館で春をさがそう」は、図書館にある本から「春」を探すことによって、図書館の多様性、豊かさに気づく（発見する）ことを目的にしています。対象は、低学年児童です。したがって、絵本の棚が活動の中心になっています。

　「Ⅱ部29　さがしています」は、沖縄アニマシオンクラブの実践です。地下に眠る沖縄戦の遺品に心を寄せ、その「声」に耳を傾けることによって、平和について考えてほしいという目的から、発掘された万年筆に注目しています。

　このように、まず、何をしたいのか、自分自身にしっかり問いかけ、目的を設定することを大切にしましょう。

目的に合った本を見つける

　「Ⅱ部18　にじんだ文章は何か？」では、物語には文脈があること、その文脈に従って考えていけば、隠された文はどんな内容かを推理することができるということを理解させようとして（目的として）、ふさわしい作品を探し、星新一の「ユキコちゃんのしかえし」を見つけています。

　星新一の「ショートショート」は、高学年期からの子どもたちが"はまっていく"読み物です。このアニマシオンには、ぴったりの作品と言えます。こう

いう本に出会ったときは、「やっと会えたね！」とあいさつしたくなります。

　本との出会いから、この本を子どもたちに手渡したいと願って、アニマシオンを考えていくこともあるのです。

アニマシオンを考える

　「Ⅱ部 21　本を届ける現地リポーターになろう」は、まさに本との出会いからアニマシオンを生み出したとも言えます。『図書館ラクダがやってくる』[10]を使って、子どもたちに本を手渡し、読書の喜びを体験してほしいとの願いから行われている世界中の活動を紹介しています。

　この本によって、世界のさまざまな現実に目を向けてほしいと、青森アニマシオンクラブの仲間は考えました。

　そして、活発な表現活動により、生き生きとした学習を体験させていきたいと願って、3D（飛び出す）テレビのリポーターとなって、「本を届ける活動」を伝えるというアニマシオンを創造しています。

本番は臨機応変に

　実際に行う場合は、子どもたちの反応に応じて、臨機応変に行うことが大切です。予定通りすすめることに意義があるのではありません。子どもとつくり出す「たのしいひととき」が目的なのです。さらに、本に手を伸ばしてくれれば、目的は達成なのです。

　アニマシオンの一歩を踏み出すときに大切なことは、タブーをつくらないことです。「アニマシオンでは〈正解〉はない」「アニマシオンでは〈否定的な指導（NO！）〉はしない」などと受けとめている声を聞きます。そんなことはありません。「問い」によっては、「正解」が用意されている場合もありますし、その「正解」の幅が広い場合もあるでしょう。また、集団で行う活動には、守られなければならないルールがあります。それを学ぶのもアニマシオンの大事な社会的な役割です。

　「Ⅱ部 3　クイズでたたかおう」などの場合には、子どもたちが熱くなってき

ますので、特にアニメーターのリードが必要です。「出題チームが考えていた正解が必ずしも妥当だとは言えない」ことも大いにあります。そのときは、しっかりと議論して納得のいく結論を生み出すようにすすめなければなりません。

また、「だれの発言でも最後まで聞く」「言いよどんだり、まちがえたりしても、笑ったり、茶化したりしてはいけない」ことも教えなければなりません。「アニマシオンでは教科書は使わない」「本はあらかじめ読んで参加させる」「参加を強制してはいけない（授業ではやらない）」等々、いろいろなことも言われているようです。その根拠はどこから出たのか、よくわかりませんが、タブーをもてば、実践の自由さ、多様さが失われていきます。

その際に、励ましとなるのは、仲間をもつことです。どんな本がいいだろうか、準備はどのようにしたらいいだろうか、また、独り合点なものにとどまっていないだろうか…等々の悩みや疑問が生じます。そんなとき、相談し合える仲間があれば、励まし合って続けることができます。本書の巻末に私たちの「読書のアニマシオン研究会（アニマシオンクラブ）」の活動や連絡先も紹介していますので、お気軽にご連絡・ご相談ください。

記録を取る

1つの実践があれば、必ず記録が必要であり、評価（反省）が必要です。記録に残されれば、仲間が共有することができます。自分にとっても、仲間（研究会等）にとっても〈財産〉になります。

ここに提案されている「30のアニマシオン」は、18年にわたる私たち「読書のアニマシオン研究会」の蓄積です。私たちは毎月の研究会を欠かさずに重ねてきました。その記録は、機関紙『ファンタジスタ！』(隔月発行)に残してきました。この本の企画も機関紙のファイルによって構成することができました。

ワークショップによる参加・体験型の月例会では、必ずきびしい「評価」を大事にしてきました。「ご苦労様」「よかったです」…というだけでは、決して前進することはできません。参加型であるからこそ、「どこを、どうすれば」もっ

と充実したアニマシオンにすることができるのか、討論できます。その記録を大切にしてきたから、この本では、過去の実践の事実だけにこだわらない、「よりよいアニマシオン」として提案することができたと自負しています。

子どもの声は宝

　さて、なにはともあれ、終わったところで聞かれる子どもの声、つぶやき、感想こそ、私たちの励みであり、宝物です。「Ⅱ部5　どの本、読もうかな?」の後では、子どもたちがきまって、アニメーターを囲んで、「その本、借りてもいい?」「ぼくたちの考えたお話と同じかどうか、読んでみたい!」と口々に話してくれます。準備の苦労は、吹き飛んでしまいます。

　大事なことは、私たち自身の「アニマ(心・魂)」が生き生きとすることです。私たち自身が、自分の(1回だけの)人生を豊かに、〈わたしらしく〉生きようとすることです。私たちの笑顔が、子どもを励まし、子どもの笑顔が私たちを励ましてくれます。アニマシオンの原点は〈笑顔〉だと言えるでしょう。

5 ● 人生を豊かに生きる市民を育てる

　アニマシオンの本来の目的は、自らの人生を豊かに生きることのできる、主体的な市民の育成にあります。アニマシオンを通して、人々は楽しみ、協同し、自分の生き方を確立していきます。アニマシオンは、〈手法〉ではなく、〈わたし〉の生き方、社会の在り方を問い続け、よりよいものを求めていく〈主人公(主権者)〉となっていく生涯学習運動と言えます。

　さあ、深呼吸をして、笑顔の一歩を踏み出しましょう。それが、アニマシオンです!

● アニマシオン・フランス研修より〈2015年3月21日〜31日〉

左上=マッシー市立エレーヌ・ウドゥー図書館。幼児のための「春のアニマシオン」。音楽スタッフとのコラボ。絵本を開いているのは、アニメーターの資格をもつ司書
右上=パリ市立グット・ドール図書館。「ヒップホップのアニマシオン」。さまざまな人を図書館に誘う
左=パリ、子どものための美術館「草の家」。『『タンタンの冒険』アニマシオン」。参加者はベレー帽をかぶっている。パネルの前で話している女性がアニメーター

● 注

1 『読書で遊ぼうアニマシオン──本が大好きになる25のゲーム』
　詳細は、第Ⅳ部「ガイド 読書のアニマシオンがわかる本」
2 『読書へのアニマシオン──75の作戦』詳細は同上。
3 『フランスの公共図書館 60のアニマシオン──子どもたちと拓く読書の世界！』同上。
4 『世界は一冊の本』長田弘　みすず書房　2010年
5 『フランスの社会文化アニマシオン研修記録　ボンジュール・アニマシオン！』佐藤涼子他編著　2007年
6 『はてしない物語』ミヒャエル・エンデ作　岩波書店　1982年
7 前掲、注5
8 前掲、注1
9 前掲、注3
10『図書館ラクダがやってくる　子どもたちに本をとどける世界の活動』マーグリット・ル　アーズ著　斉藤規訳　さ・え・ら書房　2010年

II

やってみよう！
読書のアニマシオン

1-4

物語の森を仲間と歩けば

『わすれられないおくりもの』を探偵する

わすれられないおくりもの
スーザン・バーレイ さく え
小川仁央 やく
評論社　1986年

探偵になって、物語の森に隠されている「はてな?」に迫りましょう。

仲間と一緒に推理したり、討論したりすることで新たな世界が見えてくることでしょう。

1冊の本を楽しみながら味わうための4つの活動を紹介します。

全体を通しての目的
①複数の活動を通し、作品を読む多様な視点を学ぶ。
②チームで話し合い、工夫して楽しむ。
③問う・考える・伝える活動を通して作品を総合的にとらえる。

対象

①小学校中学年〜おとな／30人程度／3〜4人のチームを組みます。

②次ページからの4つの活動をすべて行う必要はありません。

③物語の流れを確認するため、「第Ⅱ部12　ばらばらになった紙芝居」をいっしょに行うことも有効です。

準備

①絵本『わすれられないおくりもの』をチーム数分用意。はじめに読み聞かせをするか、あらかじめ読んでおくよう伝えます。

②3〜4人でチームを組み名前を決めます。物語にちなんだ名前がよいでしょう。

　【例】アナグマチーム、トンネルチーム、思い出チームなど。

③チームの名前を書いたプラカード（B5程度の厚紙がよい）。

　回答するときは、プラカードを上げてアピールするよう伝えます。

ブックリスト

『わすれられないおくりもの』スーザン・バーレイさく え　小川仁央 やく　評論社　1986年

＊国語の教科書（教育出版　小学3年上　平成28年度版）にも掲載されています。

（笹島朋美）

これ、だれのもの?

持ち物を通して登場人物を推理しよう

【目的】
①登場人物の持ち物を通して、人物の特徴を理解する。
②持ち物にまつわるエピソードを想起する。

【準備】
物語やさし絵にでてきたものの実物や絵カード (写真下)

【例】実物＝つえ、エプロン、めがね、手紙、ネクタイ (持ち主：キツネ)

お菓子の抜き型 (持ち主：ウサギのおくさん)

切り紙＝手をつないでいるモグラ (持ち主：アナグマ)

バラバラになったモグラ (持ち主：モグラ)

絵カード＝スケート靴（持ち主：アナグマ）

ふきだし（登場人物のせりふが書いてある）

すすめ方

①アニメーターは実物や絵カードを1つずつ提示し、「これはだれの持ち物でしょう？」とたずねます。

②参加者はだれの持ち物だったかを答えます。

③どのような状況で使われたのか、どんな特徴のあるものかなど、物にまつわるエピソードも付け加えてよいことにします。

【例】つえ：A「アナグマさんのものです」

（つけたし）B「カエルとモグラのかけっこを見に行ったときにも、持って行きました」

C「長いトンネルの夢を見ているときには、もういらなくなりました」

D「さし絵の中でトンネルの中に置いたままになっています」

アドバイス

①持ち物を通して登場人物の人柄やアナグマさんとの交流のようすを思い出すことがねらいです。アニメーターは「つけたし」の発言がたくさん出るように促します。

②参加者は原則として絵本は開かずに回答しますが、他の参加者から疑問の声が上がったときなどには、絵本の該当箇所を開いて確かめます。

スケート靴は「アナグマのもの」「カエルのもの」という2つの回答が出ました。絵本のさし絵を確認すると、なんとカエルは素足ですべっていました。新たな発見をみんなで共有することができました。

③絵や実物だけではなく、「言葉が落ちていました」と、カードを読み上げ、だれのどんな状況での言葉だったか考えさせます。

【例】「ありがとう、アナグマさん」

「幅の広いほうを左に、せまいほうを右にして首にかけてごらん」

わたしは、だれでしょう

3つの質問で登場人物をあてよう

①登場人物の特徴をつかみ、確認をする。

②くり返し読み、相談して、協同性を高める。

準備

①登場人物を描いた札に首からかけるリボンをつけたもの（写真下）

②回答を書くための短冊カード

すすめ方

①アニメーターは登場人物を書いた札を1枚選び、裏返しに首にかけ、「わたし
　はだれでしょう？」とたずねます。

②参加者はアニメーターに向かって人物を特定するための質問をします。

「あなたは年をとっていますか?」「あなたはスケートが得意ですか?」など。

「1人の人物について、どのチームも3回しか質問できません。よく本を読んで、しっかり相談してくださいね。探偵団の団結力がだいじですよ」と促します。

③アニメーターの質問に対し、〇か×かのどちらかだけで答えます。

④質問タイムが終わったらグループごとにどの登場人物だったかを短冊カードに書き、アニメーターの合図で一斉に上げます。

⑤正解したすべてのチームは1点ずつ獲得することができます。

アドバイス

①「あなたはアナグマですか?」といった直接正解を聞く質問はしないルールにします。

②物語や絵のなかに出てきた特徴を質問にするように促します。

こんなこともできます

　この活動の手法は「漢字あてクイズ」「歴史上の人物あてクイズ」「図形あてクイズ」などいろいろな分野で使うことができます。それぞれの正解を特定するためにはその特徴をとらえ、わかりやすく質問にまとめる必要があります。

3

クイズでたたかおう
チームに分かれ、問題を出し合おう

目的

①物語やさし絵をていねいに読み取る。

②問いをもって読むことを学ぶ。

③仲間と問い合うことで、多様な読みの視点の持ち方を学び、同じ本を読むことの楽しさを味わう。

準備

問題や回答を書くための画用紙

すすめ方

①各チームは相談をして物語や絵のなかから問題をつくります。他のチームと問題が重なったときのために、いくつかつくっておくようにします。

　【例】ウサギのおくさんがアナグマに教わったことは何でしたか。

②アニメーターはチームを順に指名します。指名されたチームの代表者は問題を発表します。

③答えがわかったチームは、チーム名を書いた札を上げます。

④アニメーターがチームを指名し、正解といえるかどうかの話し合いをして共通理解を得たうえで、チームに点数を入れていきます。

アドバイス

①各チームの出題が一巡したところで作戦タイムを取り、新たな問題を作ります。

参加者が物語の主題について考えたり、正解を導くのに議論になったりするような深い問題を作ることのできたチームにも点数が入るようにするとよいでしょう。そのためには、くり返し深く読むこと、チームでよく相談することを促しましょう。

【例】さいごの雪が消えたとき、なぜみんなの悲しみも消えたのですか。

②問題によっては全チームが画用紙に回答を書き、一斉に上げる方法をとります。多くのチームがポイントを獲得することができ、参加への意欲が高まります。

物語の世界で遊ぶ子どもたち

新しいタイトルをつけよう

物語の世界を自分の言葉で表そう

目的

①物語のテーマを深く読み取る。

②読み取った内容を印象的な短い言葉で表現する。

準備

①タイトルを書くための短冊カードを人数分

②投票用紙

すすめ方

時間は20分程度

①1人ひとりが『わすれられないおくりもの』に代わる新しいタイトルを考え、短冊カードに書きます。

②アニメーターが短冊カードに書かれたものを発表し、黒板などにみんなが見えるように掲示します（写真右上）。

③すべてが出そろったら参加者は1人1票をもっとも気に入ったタイトルに投票します。

④選ばれたタイトルの作者は、このタイトルにした理由や工夫した点を発表します。

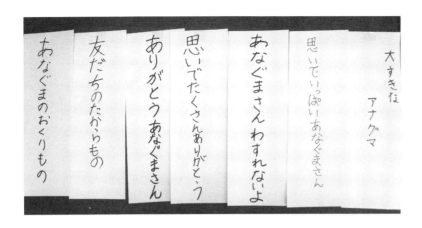

あなぐまのおくりもの

友だちのたからもの

ありがとうあなぐまさん

思いでたくさんありがとう

あなぐまさんわすれないよ

思いでいっぱいあなぐまさん

大すきな　アナグマ

アドバイス

①参加者が読み取った物語のテーマやキーワードなどを考えて、短い言葉で効果的に表していくことがこの活動のめあてです。すべての学習のまとめとして行うとよいでしょう。

②ここでは、タイトルづくりも投票も個人で参加しますが、チームで行うことも考えられます。不慣れな子が多い場合は、チームで相談することにより、タイトルの考え方がわかっていきます。

③参加者の人間関係に結果が左右されないよう、作者名を書かないで掲示するようにしておくとよいでしょう。

④作品のテーマに沿ったタイトル、読者をひきつけるタイトルになるよう、取り組みの前にタイトルの役割について確認しておきましょう。

（1-4＝笹島朋美）

5

どの本、読もうかな？

本の表紙から内容を推理する

チームで推理した内容を発表

目的

限られた情報を手がかりに、内容（ストーリー）を想像する。

対象・時間

小学校中学年以上／何人でも

3〜4人でチームを組み、それぞれ チームの名前を決めます。

45分程度

準備

①1つのテーマに沿って、チーム数プラス数冊の本を用意します。

本は絵本だけではなく、物語や知識・科学の本など、ふだん、子どもたちが
手を伸ばさないジャンルのものを含むようにしましょう。チームの数より数

冊多く並べることによって、最後のチームも選択することができます。

②本は、ページが開けないようにしておきます(写真下)。

　本のカバー(表紙全体)から内容(ストーリー)を推理するためです。

③それぞれのタイトルを記入したカードを作ります(写真下)。

④推理した内容を記入する画用紙とテーマを記入するカード、筆記用具をチームの数だけ準備します。

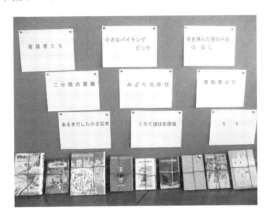

すすめ方

①黒板にタイトルを書いたカードを貼ります(本は、見えないようにしておきます)。

②チームは、カードに書かれたタイトルから、読みたい本を決め、選んだ理由を説明します。その後、それぞれの本をチームに手渡します。

③各チームでは、タイトルやデザインなどの表紙情報から、ストーリーを推理し、画用紙等に記入して発表します。

④すべてのチームの発表が終わったら、「ここに並べた本は、実は、私があるテーマに基づいて選んだものです。さて、そのテーマとは何でしょうか? それをカードに書いてください」と、伝えます。

⑤各チームは記入後、そのカードを黒板などに掲示し、全体に紹介します。

⑥アニメーターは、「私の考えたテーマは〈新しい出会いが待っている旅〉です。みなさんのなかで、○○○チームがもっとも近いものになりましたね」

と評価し、そのチームに、そのテーマにしたわけを説明してもらいます。他のチームにも順次説明してもらいます。

こんなこともできます

①本のジャンルやグレードを変えて、中学・高校生やおとな向けにも展開できます。

【例】〈冒険の旅〉をテーマにした本、及び4年生の子どもたちが予想した内容（ストーリー）

4年生の子どもたちが予想した内容（ストーリー）

『冒険者たち　ガンバと十五ひきの仲間』 斎藤惇夫 作　薮内正幸 画　岩波書店　1982年

2匹のガンバが十五匹の鳥の上に乗って空をとびまわりました。鳥はお母さんのいる場所につれていってくれました。お母さんはすごくよろこんでくれました。

『小さなバイキングビッケ』 ルーネル・ヨンソン 作　エーヴェット・カールソン 絵　石渡利康 訳　評論社　2011年

ビッケという子が かいぞくになりたくて、いろんなしゅぎょうをしていった。そして、かいぞくになれた。ビッケはかいぞくになってから、いろんなことをやらかして、ふつうの人にもどってしまう。

『二分間の冒険』 岡田 淳　偕成社　1985年

男の子と女の子は かいぶつとたたかうゲームをしていた。二人は、ゲームのでんげんをつけっぱなしにしてねてしまい、気づいたらゲームの世界に来ていた。そして「かいぶつと二分間たたかってみろ」と、おじいさんからけんをもらい、けんの使い方もしらず、二分間の間 かいぶつとたたかい ぶじたおして 元の世界にもどれた。

『自転車少年　チャリンコボーイ』 横山充男　絵：黒須高嶺　くもん出版　2015年

3人の男の子が自転車レースをしていた。大会に向けて れんしゅうして、大会の日に3人がてきどうしになって、3人とも きんちょうしてまけてしまった。

『**くろて団は名探偵**』ハンス・ユルゲン・プレス 作　大社玲子 訳　岩波少年文庫
　2010年

くろてという男がいた。そしてくろては、名探偵になろうと決心して名探偵に
なった。そしてついに じけんがおきて くろては まよったが、てきとうにそこ
らへんの人を集めて、じけんのはんにんをきめたら、本当にはん人だった。そ
して そのうわさがひろまって、でしになりたいという人がきて、くろて団を
けっせいして 有名になった。

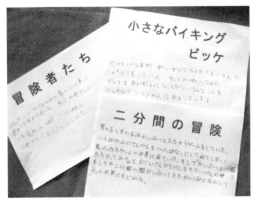

子どもたちが内容を予想して書いたカード

②これらの本全部に共通する「テーマ」を考えてみましょう。

・大冒険

・旅する話

・本のぼうけんにレッツゴー

・大冒険へレッツゴー

・ぼうけんものがたり

・すてきな冒険

（井上桂子）

6

図書館で春をさがそう

本をめくると…

春に関する本のブックカバーを立てているところ

目的

図書館にある本から多様な春を発見する。

対象・時間

小学校低学年／2〜3人のチームを組みます／約30分

準備

①春をテーマにした本（ブックカバーをはずしたもの）
②ブックカバー（厚紙をはさんで補強したもの）あるいは、本に十文字にゴムバンドでとめて、中が見えないようにした本
③画用紙、マジック

本を読んで、本から春をさがしています。

【ワークシートの例】

春をさがそう

　　　　　　　　　　　　　　　　　なまえ（　　　　　　　　）

本の名前

見つけたこと

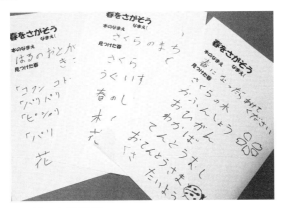

ワークシートの記入例

①春をテーマにした本のブックカバーを見せて、

「ここに春をテーマした本があります。これらの本から春を探してください」
と呼びかけます。

②ブックカバー（本の表紙）を見て、気に入った本を選びます。

③題名やブックカバーの絵などから、どんな春の話か想像し、ワークシートに
記入し、発表します。

④アニメーターは、本を渡し、

「本の中から〈春〉を見つけてください」と指示します。

⑤グループごとに見つけた〈春〉を発表します。

⑥アニメーターは、それぞれの本は図書館のどの棚にあったのかを示し、幅広
いジャンルの本へ関心をもつよう誘います。

アドバイス

①生活科で「春を探そう」という学習があり、実際に自分たちでも春を探します。その活動とつなげることで、春探しの学習を深められます。

②春をテーマにした絵本にも、ストーリーのあるものや、自然そのものを写真などで紹介した本や図鑑があります。幅広いジャンルの本をまぜておくとよいでしょう。

春を探すという活動から、春を迎える喜びを感じ取ります。虫や草花などの図鑑が好きな子どもたちも、お話の本のおもしろさを感じ取り、さらに幅広い範囲の本を読もうという意欲につなげることができます。

③ブックカバーに厚紙を挟んで補強しておくと、机上に立てることができ、子どもたちがブックカバーを選ぶ際にもスムーズにできます。

図書館の本を活用するとき、ブックカバーは使えません。そのときは、ゴムで本をとめて、中が見えないようにしたものを用意するとよいでしょう。

④できれば図書館で実施するほうが望ましいでしょう。

こんなこともできます

「春をさがす」だけでなく、夏秋冬の季節や、お月見や七夕、お正月など季節の行事をテーマにした活動も考えられます。

これは、低学年を対象とした活動ですが、テーマによって本の選び方を変えると、中高校生、おとな向きのレベルアップした活動になります。

ブックリスト 〈春のテーマで使える本〉

『はるにあえたよ』原京子 作 はたこうしろう 絵 ポプラ社 2007年

『さくらのまち』小林 豊 佼成出版社 2007年

『花の色でさがそう 春の野の花』松原巖樹 絵・文 小峰書店 1998年

『はるにれ』姉崎一馬 写真 福音館書店 1981年

（渡部康夫）

7

オオカミがにげた！

ぼくのおうちをさがして

小学校での実践のようす。全学年で取り組んだ

目的

①図書館の多様性を発見する。

②さまざまなジャンルの本と出会う。

対象・時間

小学校低学年～おとな／何人でも可能／3～5人程度のチームを組みます。

20分～40分程度

準備

①"オオカミ"の出てくる、さまざまなジャンルの本(絵本、物語、図鑑、辞典など)
を10冊程度準備します。本の表紙あるいは内容を抜き出し、パネルに貼り、
それぞれにアルファベットを振ります。

48

②本のタイトルを書いた一覧表を作り、その横には記入欄を作り、解答用紙
　とします。「指令書」と書いた封筒などに入れると、ゲーム性が上がります。
　チーム分用意しましょう。

すすめ方

①使用する本を、子どもたちが自由に手に取れるよう準備します。チーム数が
　多い場合には、同じものを複数用意します。1セットずつ、机に置くか、かご
　などに入れておきます。

②参加者は、3～5人程度のチームを組み、自己紹介をし、チーム名を決定しま
　す。

③アニメーターは次のように説明し、解答用紙を渡します。

　「たいへんなことが起きてしまいました。本の世界から、オオカミが逃げ出し
　てしまいました。なんとか、1か所に集めることができたけれど、今度は、ど
　の本に帰らせればいいのかわからなくなってしまいました。またまた逃げ出
　しちゃったらたいへん！　チームのみんなで力を合わせて、オオカミが帰る
　べき本を見つけてあげてください。迷ったときには、本の中身を見ていいで
　すよ」

④全チームが解答し終わったら発表します。なぜ、そう思ったのかなど、説明
　を付け加えるように指示します。

⑤正解を発表し、本を見せます。

アドバイス

①図書館にある“オオカミ”の出てくる本をできるだけ多く集め、そのなかか
　らさまざまなジャンルの本を使用します。漢字辞典と国語辞典など、一見似
　ているように見えますが、特徴の大きく異なるものを用いると、子どもたち
　の“発見”のきっかけとなるでしょう。

②最終的な目標は、子どもたちが今まであまりふれてこなかったジャンルの本
　と出会うことです。抜き出すのは、本の表紙だけではなく、さまざまなペー

ジのなかから選ぶようにするとよいでしょう。

③チームにさまざまな年齢層の人がいると、充実した活動になるでしょう。

④表紙や、内容の抜き出しなどを行うため、学校の授業以外で行う際には、著作権利用の申請をしましょう。昼休みや放課後などに行う場合は、学校であっても著作権の利用申請が必要となります。著作権の利用申請の仕方は、日本書籍出版協会のホームページ等から確認できます。

こんなこともできます

①"オオカミ"という部分を伏せ、「ある危険な動物が、本の世界から逃げ出してしまった…」と説明し、記入用紙に「逃げ出した動物は?」の記入欄を作ることもできます。

②"オオカミ"以外の動物でも行うことができます。

【パネルの例】

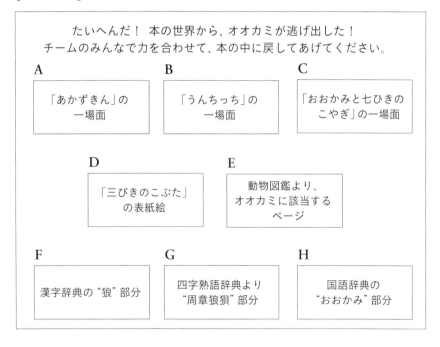

たいへんだ! 本の世界から、オオカミが逃げ出した!
チームのみんなで力を合わせて、本の中に戻してあげてください。

A
「あかずきん」の
一場面

B
「うんちっち」の
一場面

C
「おおかみと七ひきの
こやぎ」の一場面

D
「三びきのこぶた」
の表紙絵

E
動物図鑑より、
オオカミに該当する
ページ

F
漢字辞典の"狼"部分

G
四字熟語辞典より
"周章狼狽"部分

H
国語辞典の
"おおかみ"部分

【解答用紙の例】本のタイトルと、逃げ出したオオカミをくっつけてください。
　　　　　　　　答えのところに、アルファベットを書いてね。

番号	タイトル	答え
①	小学館の図鑑NEO「動物」	
②	あかずきんちゃん	
③	三びきのこぶた	
④	おおかみと七ひきのこやぎ	
⑤	うんちっち	
⑥	オオカミ王ロボ	
⑦	例解学習　国語辞典	
⑧	例解学習　漢字辞典	
⑨	写真で読み解く　四字熟語辞典	
⑩	谷川俊太郎少年詩集「どきん」	

ブックリスト

『小学館の図鑑NEO「動物」』小学館　2002年

『あかずきんちゃん』グリム童話　ポール・ガルドン 絵　ゆあさふみえ やく　ほ
　るぷ出版　1977年

『三びきのこぶた』イギリス昔話　瀬田貞二 訳　山田三郎 画　福音館書店
　1967年

『おおかみと七ひきのこやぎ』グリム童話　フェリクス・ホフマン 絵　瀬田貞二
　訳　福音館書店　1967年

『うんちっち』ステファニー・ブレイク 作　ふしみみさを 訳　あすなろ書房
　2011年

『シートン動物記　オオカミ王ロボ』アーネスト・T・シートン 文・絵　今泉吉
　晴訳・解説　童心社　2010年

『例解学習国語辞典』金田一京助 編　深谷圭助 編集代表　小学館　2014年

『例解学習漢字辞典』藤堂明保 編　深谷圭助 編集代表　小学館　2014年

『写真で読み解く 四字熟語辞典』監修 江口尚純　あかね書房　2012年

『谷川俊太郎少年詩集「どきん」』谷川俊太郎著　和田誠 絵　理論社　1983年

（徳留絵里）

8

どんなタネからどんな野菜が?

知識の本で野菜探検隊!

**学校で育てる植物のずかん4
野菜・ハーブ**
おくやまひさし 文・写真
ポプラ社　2009 年

目的

知識の本による野菜探検

対象・時間

小学校中学年〜おとな／ 3 〜 4 人程度のチーム／ 45 分程度

準備

①野菜のタネを何種類か用意します。

②各野菜のカード (葉・花・実) をグループに1枚ずつ用意します。

　(だいこん・にんじん・ゴーヤ・じゃがいも・アブラナ・とうもろこしなど)

③夢を書く発表メモを準備します。

すすめ方

①アニメーターは、絵本『たねのはなし』(絵本の中の大きな文字のみ)を読み聞かせて、次のように問いかけます。

「タネはねむっています。どんな夢をみているのでしょうか」

②各グループに1種類の種をとってもらい、それが何のタネか考えます。

③このタネからこれから出てくる葉と花と実を考えて、提示されたカードの中から選びます。

④タネの気持ちになって、その「夢」を考えて発表します。

⑤自分の持っているタネの正体を知ります。

⑥野菜カードの正解を発表します。

⑦タネのでてくる本をたくさん紹介します。

アドバイス

①タネの正体を知ることと、植物が生長したときの葉と花と実という共通点があることに気づくようにうながします。

野菜はいろいろ知っていても、その葉や花を知らないことが多く、ここでは9種類の野菜を用意しました。しかし、種類が多いとカードも多く、それだけ選ぶ時間が増え、時間がかかることになります。

②出題カードの番号は、1〜がタネ、10〜が葉、20〜が花、30〜が実とします。ジャガイモのタネは、実から採りましたが、ふつうは、タネいもから育てることも紹介しておきましょう。

こんなこともできます

1つのタネの正体を知る活動と「タネの夢」を語る活動が混ざり合っています。ここでは、夢を語る活動として作成してみましたが、テーマを変えてもいろいろ工夫することができます。

【出題カード（イラスト）の例】

1～9　タネのカード

10～19　葉のカード

20～29　花のカード

30～39　実のカード

【出題カードの例】

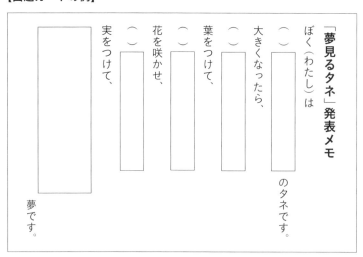

「夢見るタネ」発表メモ

ぼく（わたし）は

（　　）のタネです。

大きくなったら、

（　　）

葉をつけて、

（　　）

花を咲かせ、

（　　）

実をつけて、

夢です。

Ｃ ブックリスト

〈知識の本〉

『たねのずかん──とぶ・はじける・くっつく』（みるずかん・かんじるずかん）
　高森登志夫 え　古矢一穂 ぶん　福音館書店　1990年

『みつけたみつけたタネいっぱい』江川多喜雄 作　かみやしん 絵　童心社 1987
　年

『たねのゆくえ』（科学のアルバム）埴 沙萠　あかね書房　2005年

『色・形・大きさがよくわかる　タネの大図鑑　身近な花・木から野菜・果物まで』
　サカタのタネ 監修　ＰＨＰ研究所　2010年

『たねからめがでて』（かこさとしかがくの本）かこさとし著　若山憲 絵　童心社
　1988年

『すみれとあり』矢間芳子 さく　森田竜義 監修　福音館書店　2002年

〈物語の本〉

『そらいろのたね』なかがわりえこ と おおむらゆりこ　福音館書店　1967年

『みどりいろのたね』たかどのほうこ 作　太田大八 絵　福音館書店 1988年

『ぶたのたね』佐々木マキ　絵本館　1989年

『ちいさいタネ』エリック・カール さく　ゆあさふみえ やく　偕成社　1990年

『ぜったいたべないからね』ローレン・チャイルド 作・絵　木坂涼 訳　フレーベ
　ル館　2002年

『おもしろ荘のリサベット』アストリッド・リンドグレーン 作　石井登志子 訳
　イロン・ヴィークランド 絵　岩波書店　1992年

『まめをそだてよう！』（カストールのたのしいまいにち）ラーシュ・クリンティ
　ング　とやままり 訳　偕成社　2000年

● 参考資料 ●
『学校で育てる植物のずかん4　野菜・ハーブ』おくやまひさし 文・写真　ポプラ社　2009年
『たねのはなし』ダイアナ・アストン 文　シルビア・ロング 絵　千葉茂樹 訳　ほるぷ出版
　2008年

　　　　　　　　　　　　　　　　　　　　　　　　　　　　　　（太田和順子）

十二支はどんな文字?
甲骨文字の発見

甲骨文字のおもしろさを説明する

目的

漢字のルーツをさぐる。

対象・時間

小学校中学年〜／何人でも可／4〜5人でチームを組みます。

45分程度

準備

①絵本『甲骨もじで あそぶ ちゅうごくの十二支の ものがたり』1冊。

　表紙の部分は、ブックカバーなどで見えないようにする。

②十二支の生き物の甲骨文字カードを作成する。チームに1セットずつ。

③十二支の生き物を表す現在の漢字の一覧表を作成する(以下「漢字一覧表」)。

すすめ方

①アニメーターは、絵本を音読します。

②甲骨文字の説明をします。

③十二支の生き物の甲骨文字は、「漢字一覧表」のいずれかの漢字のもとになっ
　ていることを伝えます。「漢字一覧表」を掲示。

④アニメーターは、12枚の甲骨文字カード（1セット）をチームに配布し、
　「この甲骨文字カードを干支の順番に並べてください。干支の順番がわから
　ない人は、漢字一覧表を見ながら並べてください」と指示をします。

⑤各チームで十二支の順番を発表するときに、「どのような理由があって順番
　が決まったか」「並べながら迷ったところは、どんなところか」「すぐにどの
　動物のものか、わかったカードはどれか」などということを含めて発表して
　いくように伝えます。

⑥アニメーターは、十二支の順番に並べられた甲骨文字カード見て、「みんなの
　並べ方が同じところに集中したカードは、どのカードだったのか」「並べ方に
　バラつきが見られたのは、どのカードだったのか」ということに注意をはら
　い、文字への関心をさそいます。

⑦甲骨文字カードの生き物の現在の漢字を確認していきます。

アドバイス

①十二支を正しく並べることだけが目標ではなく、チームのメンバーとの話し
　合いの時間を大切にして、さまざまな方法で発表できるようアドバイスしま
　しょう。

②十二支の甲骨文字カードを、上下左右…さまざま方向から見るチームもある
　でしょう。

こんなこともできます

①十二支の生き物の甲骨文字だけでなく、他の漢字でも同じようなことができ
　ます。例えば、1・2年生で学習してきた漢字の範囲で、「自然に関係するもの」

「人に関係するもの」ものに分けて、甲骨文字カードを作ります。その甲骨文字カードは、どれに関係するカードなのかをチームで話し合うだけでも漢字のおもしろさに気づきます。

③似ている甲骨文字カードを2枚並べて、気がついたことをチームで話し合います。それらの話をもとにして、「この漢字は〇〇という漢字だった」と発見します。例えば、十二支の生き物では、「牛」と「羊」の甲骨文字カードを並べて話し合いをします。「雨」と「川」を比較することによっておもしろい発見ができると思います。

出題カードの例

十二支の生き物の漢字一覧表

ねずみ 鼠	うし 牛	とら 虎	うさぎ 兎	りゅう 龍	へび 蛇

うま 馬	ひつじ 羊	さる 猿	とり 鶏	いぬ 犬	ぶた 豚

・漢字の下にイラストなどがあるとイメージが広がります。
・十二支の一覧表では「豚」が入っていますが、国によって登場する生き物が違うことがあります。

十二支の生き物の甲骨文字カード【例】

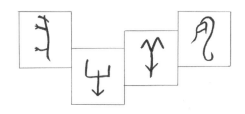

・甲骨文字は、筆、マジックなどで書きますが、線の太さ、細さ、長短、はねぐ
　あいなどに気をつけて大きく書きます。

C ブックリスト

『甲骨もじであそぶ ちゅうごくの 十二支の ものがたり』
　甲骨もじ・おうよう かりょう　お話・せき とみこ　構成・みかみ まさこ
　ＪＵＬＡ出版局　2009年

● **参考資料** ●
『白川静 常用字解［第二版］』平凡社　2012年

（小山公一）

10

お話 み・つ・け・た!

『旅の絵本』から広がる本の世界

旅の絵本

旅の絵本Ⅱ

安野光雅
福音館書店

目的

絵本の1ページのなかに、読み親しんできた昔話や童話の一場面を探し、お話
への関心を深め、楽しむ。

対象・時間

中学生〜おとな／30人程度／3人程度のチームを組みます。／約60分

準備

①安野光雅『旅の絵本』『旅の絵本Ⅱ』のなかから、お話を見つけられるページ
　を指定、付箋を付けます（チームごとに見るページが異なるようにします）。

②取り上げるお話の「作品名・作者名」を書いたカードを作ります。

③お話探しのヒントになる説明を書いた「場面説明」一覧表を作ります。

④登場する昔話や童話の本を、手に取れるように準備しておきます。

⑤各自があらすじや場面説明を記入できる「あらすじ」シートを用意します。

すすめ方

①参加者は、3人程度のチームを組み、筆記用具をもって座ります。アニメーターは前方に「作品名・作者名」のカードを貼っておきます。

②アニメーターは、『旅の絵本』を見せながら、次のように説明します。

「ここに1冊の絵本があります。安野光雅さんの『旅の絵本』です。この表紙に、よく知っているお話が隠れています。どこに、何があるかわかりますか?」(見つけたことを発表し合い、確認します)。

「これから、チームに1冊ずつ絵本を配りますから、その中の付箋のページに隠れているお話を見つけてください。いくつもお話が隠れている場合もあります。チームごとに配る『場面説明』一覧表を参考にしてください。見つけたのは、どんなお話で、何の場面なのか説明できるように話し合い、前に貼ってある『作品名・作者名』カードを取りに来てください」

③アニメーターは、各チームに絵本と「場面説明」一覧表を1枚ずつ配布し、さらに、あらすじと場面説明を記入するワークシートを人数分配ります。

④チームで絵のなかからお話を見つけ、「作品名・作者名」カードを取りに行く時間を取ります。

⑤前のカードがなくなり、あらすじや場面をシートに書きすすめたら、アニメーターは声をかけます。「チームごとに前で、みなさんに絵本のページを見せながら、発見したお話が何で、その中のどんな場面か説明してください」

⑥最後に、この絵本から発見したお話の絵本や本を前に並べ、各自が手に取り、お話の内容を確認する時間を取ります。

アドバイス

①チームごとにお話を発表するときには、1人はみんなに向かって絵本を見せる係、1人はお話を語る係、1人は「作品・作者」カードを見せて、説明する係等チーム内の分担を決めると、発表と絵を見せることがスムーズにすすみます。

②前で語られたお話が、多少原典と異なっていても、発表の場面では訂正を入

れたり、否定をしたりしません。わからない場合でも、チームで相談して「こんなお話かな」でも認めます。他のチームに応援してもらい多少補足してもらってもよしとします。最後に興味をもって原典にあたり、昔話や童話を興味をもって読むことが目的です。

③同じ昔話や童話が違うチームの絵にも取り上げてある場合は、2回目の発表チームには、あらすじを簡略にしてもらい、場面説明を中心にします。

④「作品名・作者名」カードは、場面数しかありません。必要なカードを他のチームが先に持ち去った場合は、チームで交渉して、話し合いで必要なカードを譲ってもらいます。

【「場面説明」一覧表の例】

> ダックスフントのプレッツェルは、世界一胴長の男の子。
> 大好きなグレタに振り向いてもらいたいのですが…。

> 「開けゴマ」と声をかけると、岩壁が開きました。岩穴の宝がなくなり、
> 盗賊はその秘密を知る者の家を探し、印を付けました。

> 子ブタたちは、わら、板、レンガと、それぞれの材料で家を造り始めました。

【あらすじと場面説明を記入するシートの例】

「お話　み・つ・け・た」あらすじシート

チーム名 ＿＿＿＿＿＿＿＿＿＿

＊私たちの絵の中でみつけたお話は、「　　　　　　　　　　　　　　」です。

これは、

>

というお話です。

＊この絵には、その中の

>

という場面が書かれています。

62

C ブックリスト〈「お話み・つ・け・た！」で使用する昔話など〉

『シンデレラ』（ディズニー・ゴールデン・コレクション）うさぎ出版　1998年

『ピノキオ』（ディズニー・ゴールデン・コレクション）うさぎ出版　2002年

『ふしぎの国のアリス』（ディズニー・ゴールデン・コレクション）うさぎ出版 2002年

『みにくいアヒルの子』（ディズニー世界の名作絵本シリーズ）モニーク・ピーターソン他文　ドン・マクラーフリン絵　もきかずこ訳　うさぎ出版　2004年

『ラプンツェル』グリム原作　バーナデット・ワッツ 文・絵　福本友美子訳　BL出版　2006年

『どうながのプレッツェル』マーガレット・レイ ぶん　H.A.レイ え わたなべしげおやく　福音館書店　1978年

『長ぐつをはいたねこ』シャルル・ペロー　ハンス・フィッシャー ぶん・え　やがわすみこやく　福音館書店　1980年

『おおきなかぶ』ロシア民話　A.トルストイ再話　内田莉沙子訳　佐藤忠良画福音館書店　1966年

『三びきのこぶた』イギリス昔話　瀬田貞二訳　山田三郎 画　福音館書店　1967年

『ブレーメンのおんがくたい』グリム作　ポール・ガルドン 絵　晴海耕平 訳　童話館出版　1999年

『イソップどうわ2』川崎洋 文　黒井健他 絵　小学館　2007年

『アリババと40人のとうぞく』アラビアンナイトより　文・小沢正　絵・赤坂三好　小学館　2007年

『赤ずきん』グリム作　生野幸吉 訳　バーナデット・ワッツ 絵　岩波書店　1976年

『はだかの王さま』アンデルセン 作　乾有美子 訳　バージニア・リー・バートン絵　岩波書店　2004年

『トム・ソーヤーの冒険 上』マーク・トウェイン作　石井桃子 訳　岩波少年文庫　2001年

『ドン・キホーテ』セルバンテス作　牛島信明 編訳　岩波少年文庫　2000年

『イソップのお話』河野与一 編訳　岩波少年文庫　2000年

『家なき子（上）』エレクトール・マロ 作　二宮フサ訳　偕成社文庫　1997年

『ABCの本――へそまがりのアルファベット』」安野光雅　福音館書店　1974年

（伊藤美佐子）

11

絵本で食べよう！
特別支援学級のアニマシオン

からすのおかしやさん　　絵本 はなちゃんのみそ汁　にっぽんのおにぎり

目的

①「食べる絵本」の発見。　②学校生活を豊かにする。

● **特別支援学級と「生活単元学習」**

　特別支援学級とひと口に言っても、知的障害、自閉症・情緒障害、肢体不自由、弱視、難聴、病弱といった種別に分かれています。それぞれの種別で、教育課程にも違いがあります。ここで取り上げているのは、知的障害学級となります。

　知的障害学級の教育課程の中心は「生活単元学習」です。生活単元学習は、知的障害のある子どもたちが、現在の生活上の目標を達成したり、課題を解決したり、将来の自立した生活に必要な事柄を身につけたりするために、ある一定期間、実際の体験活動に取り組んでいく、というものです。

　教科学習と違って、教科書や指導書はありません。そのため、各校の担任が、子どもたちの実態、興味・関心や、学校行事、年中行事等をもとに単元を設定しています。例えば、「花や野菜を育てよう」「カフェをオープンしよう」「音楽会を成功させよう」「お正月を楽しもう」等々があります。

●「生活単元学習」は絵本との出会いから

　生活単元学習をすすめるにあたって大切なことは、数週間にわたり、テーマや目標に向かって、子どもたちが見通しをもち、自ら意欲的に活動に取り組むようにすることです。絵本は、見通しをもつためにも、効果的です。2014年度、2015年度の実践から、いくつか紹介します。

●おかしやさんをオープンしよう

①『からすのおかしやさん』を読みます。

　『からすのパンやさん』の続編です。大きくなったチョコくんが、きょうだいやミミちゃんと力を合わせて「おかしやさん」をオープンします。

　シリーズ全5冊を読み、登場するからす一家の名前やお店当てをしたり、からすたちが作る料理の名前当てクイズをしたりして、シリーズまるごと楽しんでいきます。

②自分たちも「おかしやさん」になろう。

　どんなお店、メニューにするか話し合い、お店作りをします。

　勤務校の校章から「めじろのおかしやさん」と命名し、クッキーを作ることにしました。「からすのおかしやさん」のように、いろいろなクッキーを作りたいということで、プレーン、ココア、チョコチップ、米粉(アレルギーに配慮)の4種類を作りました。作り方も『からすのおかしやさん』を参考にしました。

③交流学級のみんなとおかしパーティをしよう。

④先生方をお招きしよう。

⑤中学校区の特別支援学級で、おかしパーティをしよう。

　生活単元学習では、対象を変えてくり返し活動し、できることを積み重ね、よりよくできていくことで自信へとつなげ、新たに工夫していこうとする気持ちを育てることが大切です。

　この後も、「めじろのおかしやさん」を続けていきたいということで、学校のバザーでも、この名前でお店を出し、クッキーの販売をしました。

●「はなちゃんのみそ汁」を作ってみよう

①絵本『はなちゃんのみそ汁』を読みます。

　はなちゃんのお母さんは、がんで亡くなる前に、娘が自立して生きていける

ようにと、さまざまな家事の仕方を教えていきます。そのなかに、みそ汁作

りがありました。「食べることは生きること」という父母の思いを胸に、は

なちゃんは毎朝、みそ汁を作り続けています。

　知的障害のある子どもたちや、その保護者にとって、将来の自立ということ

は大きな課題となります。本学級の子どもたちにも、この本のメッセージを

伝えていこうと考えました。

②「はなちゃんのみそ汁」を作ってみよう。絵本には、みそ汁作りの手順やよう

すがていねいに描かれています。また、「はなちゃんのみそ汁のつくりかた」

というページが挿入されています。これらを参考に、本学級の実態に合わせ

て、次のような手順でみそ汁作りをしました。

1　なべに水を入れて、こんぶをつけておく。30分くらいでよいものを使用。

2　こんぶでだしをとる。

　　なべを火にかける。20分くらいで、こんぶを取り出す。

3　かつおぶしを削る。こんぶだしを取っているあいだに、かつおぶし削り器

　　を使って、かつおぶしを削る。「はなちゃんのみそ汁」のポイント。たいへ

　　んだけど、楽しんでやります。

4　とうふを切る。

　　これも、「はなちゃんのみそ汁」のポイント。とうふを、手のひらにのせて

　　切る。まず、子どもの手のひらサイズにしておく。包丁の刃を引かないこ

　　とをしっかり言って、目を離さない。

5　かつおぶしでだしをとる。中火で5分ぐらい煮たら、火を止める。

6　だしをこす。こしただしは、なべにもどす。

7　とうふを入れる。中火であたためる。

8　みそをとく。火を止めてから、おたまとさいばしでとかす。

9　しあげ。自分で味見をし（これも、ポイント）、薄ければみそを足す。

この活動を、自分たちでしたり、参観日に保護者といっしょにしたりしました。

● 「にっぽんのおにぎり」をにぎってみよう
①『にっぽんのおにぎり』を読みます。

　愛知の天むす、北海道の鮭、東京は煮穴子、高知は「おかか」など、47 都道府県それぞれの土地の食べ物でアレンジされたおにぎりが、美しい写真とわかりやすい解説文とで紹介されています。

　解説文を要約して読みながら、拡大コピーした日本地図（白地図）に、それぞれのおにぎりの写真を縮小したものを貼り付けていきます。「どのおにぎりを食べたい？」とたずねると、鮭おにぎりが人気でした。

　このおにぎりの写真を使って、おにぎりの名前当てや都道府県当てなど、いっぱい楽しむことができます。

②おにぎりをにぎろう。

　「はなちゃんのみそ汁」で、だしを取った後に鰹節の削り節が残ります。これが「おかか」です。しょう油を加えて、おにぎりにのせるだけです。

　ここから始まって、鮭、シラス（神奈川）、昆布（大阪）、梅干し（和歌山）、醤油の焼きおにぎり（香川）、ひじき（徳島）など、手に入る食材で「おにぎりパーティ」をしてみました。「はなちゃんのみそ汁」といっしょに。

C ブックリスト

『からすのおかしやさん』かこさとし　偕成社　2013 年
『絵本　はなちゃんのみそ汁』原作　安武信吾・千恵・はな　文・絵　魚戸おさむ　講談社　2015 年
『はなちゃんのみそ汁』安武信吾・千恵・はな　文春文庫　2014 年
『にっぽんのおにぎり』白央篤司　理論社　2015 年

（菊池一朗）

12

ばらばらになった紙芝居

物語を復活させよう

物語の順序を考える

目的

紙芝居によるストーリーの再現

対象・時間

小学校中学年からおとな／30人／3人くらいでチームをつくる／約45分

準備

①『セロ弾きのゴーシュ』の文章だけを参加者の人数分用意する。

②主要な場面をあらわした紙芝居の絵を用意する。紙芝居は、絵だけの簡単な
　ものを作るか、図書館で借りて、裏を隠しておく。

③画用紙とマジックを各グループ数。

どっちがゴーシュ？

文を読んで話し合い

すすめ方

①参加者は、3〜4人のチームを組んで座り、自己紹介をすませておきます。

②チームごとにテキストを配布し、読む時間を15分程度取ります。場面のようすを考えたり、ストーリーの順序を考えたりするなかで、くり返し読み直し、意見を交流し合うことを大事にします。

③順序をバラバラにした紙芝居の絵を裏側にして置き、各グループは1枚ずつ取ります。合図するまでは絵を見ないように指示しておきます。

④一斉に表に返し、絵を見て、誰が何をしている場面かをグループで話し合います。紙芝居のお話をするように文章をつくって画用紙に書きます。

⑤まず、「表紙（タイトル）」の絵を持っている人がまん中に立ちます。次に指名されたグループの1人が、表紙の絵の隣に並び、画用紙に描いた場面の文章を読みます。

⑥続いて3番目のグループが、物語の順序を考えて2番目の絵より前の場面だと思ったら前（右側）へ、後ろだと思ったら後ろ（左側）へ絵を持って並び、場面の文章を読み上げます。

⑦4番目のグループも同様に、その絵が位置すると思った場所に入り、場面の

文章を読み上げます。このようにしてそれぞれが判断した順序に左へ並んでいきます。

⑧ひと通り並び終えたら、並んだ順番に場面の文章を読んで、『セロ弾きのゴーシュ』の物語を紙芝居で復活させます。

子どもたちの書いた説明の文

・ゴーシュがへたなので、楽長が口を悪くしておこりました。

「セロが遅れた。ドレミファまで教えているひまはないんだ。」

・ゴーシュが、あらしのような勢いで「インドのとらがり」を弾きました。

ねこは、目やひたいからパチパチ火花を出してはねあがりました。

・窓からかっこうが、矢のように外へ飛び出しました。

ゴーシュは、かっこうがどこまでもまっすぐとんでいくのをずっと見ていました。

アドバイス

①あらかじめバラバラになった紙芝居を元にもどすことを予告して、見通しをもって取り組めるようにします。

②『セロ弾きのゴーシュ』をチームで感想などを言い合いながら、楽しく読み合うようにしましょう。

③1人ひとりが考えたことをメモしてからグループで話し合うと、意見が出やすくなり、場面のようすが豊かに表現できます。

④場面を表す文章は、「〜しているところ」などではなく、「誰が何をしました。すると、こうなりました。」と、紙芝居をするように書くことや、話し言葉（会話）を入れるとよいことを伝えます。

⑤他の人に場所をゆずるために列を前後に詰めたり、正しい場所を自分で見つけたりして、参加者自身が体を動かし、ふれあうことで、ゲームが活気づきます。

⑦自分のグループだけでなく、物語全体に注意を向けて意見を出し合い、話し合うようにしましょう。

こんなこともできます

①参加者の物語への理解を助けるために、紙芝居のゲームの前に「この人いた
　かな？　いなかったかな？」などのゲームをして、登場人物や登場する楽器
　や楽曲について確かめておくこともできます。（第Ⅳ部「ガイド　読書のアニ
　マシオンがわかる本」にある『ぼくらは物語探偵団』参照）。

②各人またはグループで好きな場面を選び、雑誌やカタログの絵や写真を素材
　にしてコラージュを作り、現代的な『セロ弾きのゴーシュ』の紙芝居を創る
　活動もできます。

③テキストの『セロ弾きのゴーシュ』は、文庫・新書版・単行本・絵本などた
　くさんあります。絵や解説、資料もそれぞれ工夫があるので、紹介して比べ
　合わせてみるのもおもしろいでしょう。

ブックリスト

かみしばい宮沢賢治童話名作集『セロひきのゴーシュ』宮沢賢治 原作　堀尾青史
　脚本　池田仙三郎 画　童心社　1980年
画本 宮澤賢治『猫の事務所』宮澤賢治 作　小林敏也 画　パロル舎　1983年
『猫の事務所』宮澤賢治 作　黒井健 絵　偕成社　1994年
『カイロ団長』宮澤賢治 作　村上勉 絵　偕成社　1992年
『カイロ団長・洞熊学校を卒業した三人』ますむら版宮沢賢治童話集　偕成社
　1999年
『グスコーブドリの伝記──猫の事務所・どんぐりと山猫』ますむらひろし賢治
　シリーズ扶桑社コミックス　1987年

（滝脇れい子）

13

ブックトークをつくろう!

テーマでつなぐ本の魅力

図書館で、ブックトークの本を選ぶ

目的

①ブックトークの手法や技術を身につける。

②1つのテーマでもさまざまな切り口、表現の方法があることを知る。

③図書館の豊かさを発見する。

対象・時間

小学校高学年〜おとな／40人以内／3〜4人程度のチームを組みます。

90分（シナリオ作成におよそ40分、発表にかかる時間はチーム数によります）

準備

①「平和」「いのち」に関わる本を60〜70冊そろえます。

②シナリオ記入用紙（タイトル、導入の言葉、書名、紹介文、つなぎの言葉等）をグ

ループ数用意します。

すすめ方

①会場にあらかじめ本を並べます。

②参加者は3〜4人程度のチームをつくります。

③アニメーターはブックトークのつくり方について、シナリオ記入用紙を示しながら次の事柄を説明します。

・ブックトークとは、テーマに沿って複数の本をそろえて紹介することをいいます。今回は「平和」または「いのち」をテーマにつくります。ブックトークのタイトルは自由につけてください。

・本は会場に用意したもののなかから3冊を選びます。

・選んだ本のどこを中心に話すと効果的かを考えます。

・本から本につなげる言葉を必ず入れます。

④グループごとにブックトークをつくり、発表します。

アドバイス

①用意する本は、絵本、詩の本、文学、ノンフィクション、科学、写真集など、さまざまなジャンルの本、レベルの本を用意します。

②クイズを入れたり、写真を見せたり、本文の一部を朗読したりすると、紹介が盛り上がるでしょう。

こんなこともできます

①図書館で実施する場合は、各グループでテーマを自由に設定し、本を自由に選ぶのもよいでしょう。

②事前にテーマを予告しておき、紹介したい本を持参させれば、より内容の濃いブックトークになります。

【ブックトークシナリオ 生徒の作品例】

「いのち―平和ってすてきだね―」

シナリオ記入用紙

メンバー（　　　　　　　　　　　　　　　　　　　　　　　）

タイトル　　いのち ー平和ってすてきだねー

● はじめに　　一枚の原爆、原子力発電所の事故ですべてが消えた。地域が消えた。人が消えた。平和ってどんな事か考えてみませんか

書名　「さがしています」　　著者名 アーサービナード　　出版社 童心社

シナリオ　　原爆で一瞬にして消えた命、モノ。今でも残されたものたちは持ち主をさがしています。
①2-3ページ[時計]「おはよう おはよう おはようございます…」
②6-7ページ[お弁当]「いただきます いただきます…」
③20-21ページ[義歯]「ぐっぐっ ぐっぐっ ぐっと…」

つなぎの言葉　　遺体が傷んで死の確認が出来ない時 歯形や入れ歯など歯医者の記録は貴重です。東日本大震災の時もそうでした。その時原子力発電所の事故によって、生活がうばわれた町がありました。

書名　「希望の牧場」　　著者名 森絵都　　出版社 岩崎書店

シナリオ　　原発事故によってみんなの故郷が消えました。牛はすべて「殺処分」と命令されても、牛を飼い続けた人がいます。
「俺は牛飼いだからな」とあたりまえの事をし続けたのです。
全国から応援が寄せられ、希望につながっていきます

つなぎの言葉　　あたりまえの事ができること。それが平和なのです

書名　「へいわってすてきだね」　　著者名 安里有生 詩 長谷川義史 画　　出版社 ブロンズ社

シナリオ　　これは、小学1年生の男の子が平和への思いを書いて、2013年、沖縄全戦没者の追悼式で朗読した詩です。
長谷川さんが心をこめて描きました。
（全文読みきかせをする）
☆最後にみんな声を合わせて「私たちも頑張るよ。」

「三つの言葉で結ぶ世界の命」

シナリオ記入用紙

メンバー（　　　　　　　　　　　　　　　　　　　　　　　　　）

タイトル　三つの言葉で結ぶ世界の命

● はじめに　これから読む三つの言葉は、ここに並んでいる三冊の本のなかのそれぞれどの本からの言葉でしょうか？　考えてください。

書 名　『詩ふたつ 花を持って、会いにゆく／人生は森のなかの一日』　著者名 長田弘著　グスタフ・クリムト画　出版社 クレヨンハウス

シナリオ　（冒頭 1連〜4連 2行目までメモしておき読む。）「春の日、あなたに会いにゆく。……どこにもゆかないのだ。いつもここにいる。」

本の紹介　これは長田弘さんが、奥さんが亡くなったときに作った詩「花を持って、会いにゆく」つなぎの言葉　です。この本には「人生は森のなかの一日」という詩も入っています。詩に添えられた樹木や花々の絵は、死と再生の画家といわれるクリムトが描いています。

書 名　『アフガニスタンの少女マジャミン』　著者名 長倉洋海写真・文　出版社 新日本出版社

シナリオ　（見返しの文と3ページの文をメモしておき読む。）「わたしが生まれるずっと前、「ソ連」という国が攻めてきて村の人たちもみんな戦ったんだって。…」「山の学校」がある。

本の紹介　これは写真家の長倉洋海さんが取材し続けたアフガニスタンで出会ったマジャミンつなぎの言葉　の暮らしを追った写真集です。長く続いた戦争。復興途上にあるアフガニスタンの未来の夢を託された子どもたちの命の輝きを見てください。

書 名　『クマよ』　著者名 星野道夫文・写真　出版社 福音館書店

シナリオ　（22ページの文をメモしておき読む。）「ふと気がつくと、草むらにおまえは困ったような顔をしてすわっていた。かすかにかすかにおまえの息がきこえていた。」（本の紹介）これは北米で写真を撮り続けた星野道夫さんの野生の生命への賛歌の言葉です。この本には、星野さんとクマの不思議な魂のつながりが描かれています。（最後に）さて、みなさんはこれらの本の舞台がどこにあるかわかりますか（地図を広げて当てさせる）世界のさまざまな地に宿りつながる命。その物語を綴った本を3冊紹介しました。

（吉田美佐子）

14

でるでる、詩がでる

詩から物語づくり

だだずんじゃん
川崎洋・詩
和田誠・絵
いそっぷ社　2001年

目的

①日本の言葉遊びの継承

②詩集へのいざない

対象・時間

小学校高学年から大人まで／何人でもできます。

4人程度のチームを組みます。

準備

詩「でるでるモモタロウ」(川崎 洋　詩集『だだずんじゃん』いそっぷ社より)

『逆引き広辞苑』(岩波書店)「でる」をまとめた参考資料プリント参照

すすめ方

①参加者は4人程度のチームを組んで座ります。

②「でるでるモモタロウ」の詩の6行目程度までを印刷したワークシート、『逆引き広辞苑』の「でる」参考資料プリントを配布します。

③アニメーターは次のように説明します。

「川崎洋さんの『でるでるモモタロウ』のはじめの部分です。この続きを完成させてください。

その際、『逆引き広辞苑』の言葉を参考に、10行前後でまとめましょう。完成させたら朗読の練習をしましょう。さらに、パフォーマンスを加えられるところはパフォーマンスも付け加えましょう」

④グループで話し合い、続きを完成させます。

⑤アニメーターは、時間を見て、各グループに発表してもらいます。

⑥すばらしいパフォーマンスをしたグループに、拍手！

⑦川崎洋さんの「でるでるモモタロウ」を読み、詩人のすばらしさを再発見し、この詩が入っている『だだずんじゃん』を紹介し、ほかの楽しみ方にもふれます。

アドバイス

①詩を完成させ、パフォーマンスをすることだけが目的ではありません。多様な詩の表現に目を向けさせ、読書の対象として詩集への関心を高めることを目的としています。

②韻を踏む言葉遊びの感覚で楽しみましょう。

こんなこともできます

・『だだずんじゃん』の中には、「でるでるモモタロウ」の他に、「けるけるウラシマタロウ」「いたいたカチカチ山」が入っています。「赤ずきんちゃん」や、「三びきのこぶた」等々にも同様に取り組み、「昔話・童話シリーズ」もいかがでしょう。

・同じく『だだずんじゃん』を参考に、「食べたり飲んだり」でアニマシオン。「食べたり飲んだり」は、2行31連でできている詩です。

「大もりごはんを　ぱくぱく」のように、「1行目○○を（が）2行目のオノマトペ」で組み合わされている詩です。

1行目と2行目をすべてばらばらに画用紙に書き、1行目はみんなに見えるように貼り出します。2行目はグループに1、2枚ずつ配布します。グループでどの1行目とペアになるのか相談します。「これだ！」と思う1行目の横に張り出します。もし、重なってしまったらみんなで相談。

最後に、川崎洋さんの詩と比べます。正解かどうかではなく、ぴったりのオノマトペと組み合わされていたら、「これもありだね」と評価しましょう。

・「ばるづくし」でアニマシオン
「おすもうさん　土俵際でふんばる」のように、「〜ばる」がたくさん出てきます。

2連目でウォーミングアップ。「大食い競争　口いっぱいに〜〜ばる」の「〜〜ばる」を考えます。3行目からは、対象のようすを見ながら、ヒントを多めにしたり、少なくしたり…。

川崎洋さんの詩から離れて、独自の「ばるづくし」をつくってもいいですね。

・そのほかにも、『だだずんじゃん』は、言葉遊びの宝庫。1冊の本でさまざまに楽しめます。

『岩波逆引き広辞苑』を参考にした「でる」一覧表

でる
あふれでる
うかびでる
うかれでる
にじみでる
にじりでる
ぬけでる
うきでる
うってでる
ねがいでる
おどりでる
うってでる
かけでる
おんでる
ひいでる
はいでる
かってでる
はいでる
はえでる
かきなでる
ふきでる
はみでる
かなでる
まかりでる
ひいでる
さしでる
もうしでる
めでる
しみでる
もうでる
はみでる
しゃしゃりでる
もえでる
もうしでる
すすみでる
すみでる
つきでる
モデル
とってでる
プラモデル
とどけでる
ファッションモデル
とびでる
モデル
ながれでる
ゆでる
ゆるぎでる
わきでる

78

でるでるモモタロウ　　川崎 洋

ババ川へ洗（せん）たくに家をでる
ジジ山へしばかりに家をでる
ババ川ぎしにでる
川上（かわかみ）からモモがまかりでる
モモの中から赤んぼうがはいでる
名前はモモタロウととどけでる
ジジババかわいくてなでるなでる
その力ぬきんでる
鬼（おに）をやっつけにいくと申しでる
キビダンゴふろしきからはみでる
サル・イヌ・キジおともを願いでる
鬼が島で鬼たちが飲んでさわいでる
サルはひっかくことにひいでる
イヌはかみつくことにひいでる
キジはつっつくことにひいでる
それぞれちょうしがでる
鬼の親分の目になみだでる
モモタロウ勝利をかなでる
いらい鬼は人の心にすんでる

『だだずんじゃん』
（川崎洋詩　和田誠 絵
いそっぷ社　2001年）より

【子どもの作品例】

でるでるモモタロウ　　川崎 洋＆名前（　　）

（原詩）
ババ川へ洗（せん）たくに家をでる
ジジ山へしばかりに家をでる
ババ川ぎしにでる
川上（かわかみ）からモモがまかりでる
モモの中から赤んぼうがはいでる
名前はモモタロウととどけでる

（子どもの創作）
大きくなったモモタロウ鬼たいじに名のりでる
イヌおともに申しでる
サルおともに申しでる
キジおともをかってでる
モモタロウたち鬼ヶ島にうってでる
モモタロウたち鬼よりひいでる
モモタロウ勝利をかなでる
モモタロウまごの世まで流れ出る

ブックリスト

『だだずんじゃん』川崎 洋 詩　和田 誠 絵　いそっぷ社　2001年

（根岸由美子）

15
ねじれても結んで俳句探偵団
俳句でアニマシオン

上五と下七五を結ぶ

目的

①俳句に凝縮された表現をたくさんの人々の目で発見する。

②五七五の形式と、それにとらわれずつくられた俳句の特徴を味わう。

対象・時間

小学校中学年からおとな／何人でも可能／4人程度のチームを組みます。

資料の準備や話し合いによって、45分程度

準備

①図書館や教科書にある本から、俳句を5句程度選び出します。

②5句を一句ごとに、五七五の上5（グループA）と続く七五を機械的に文字数

だけで切り、最後に俳人名を書きます。さらにこの裏に俳人の生没年や代表句

などをデータとして簡単に書いておきます (グループB)。チーム数だけのカードを準備し、チームに渡します。

③ABを分けてそれぞれアットランダムにしてABを線で結べるようにしたワークシートにしておきます。これが個人の書き込みシートです。

④10分間で個人に配布したシートの俳句の上下を結ばせます。

⑤時間が経ったら、個人のデータをもとにして、ABの短冊に分けた5つの俳句をチームでつなぎ合わせます。その後、チームで合わせたものを一句ずつについて、つなぎ方と、その理由を発表し合います。

⑥「正解」を発表し、これをくり返します。取り合わせや、季語、切れ字などの手法に気づく議論ができていくので、「まちがいを」大切にした議論をすすめていくのです。

ねじれてむすんでこんにちは
俳句へのアニマシオン　名前（　　　　）

線で上の句と下の部分を結んでみましょう。
わけも書いてみましょう。

A

① いくたびも
② 分け入つて
③ 古池や
④ 斧入て
⑤ ゆさゆさと

B

・ 雪の深さを尋ねけり　　　正岡子規
・ も分け入つても青い山　　種田山頭火
・ 香におどろくや冬こだち　与謝蕪村
・ 大枝ゆるる桜かな　　　　村上鬼城
・ 蛙飛こむ水のおと　　　　松尾芭蕉

※読み仮名をふっていません。知りたいですか?
皆さんの要望の拍手があればいいましょう。大ヒントです。

81

機械的に切るのは…と思うかもしれません。実は俳句は、七七五も字余りもあるのです。そう、それに気づくだけでもすばらしい。

　まちがっていることも、なるほどと思うこともあるので、共感は拍手で確認するとよいでしょう。

　俳句を五文字と七・五に機械的に区切って、ここから５句選んでカードとワークシートを用意しておきます。国語の教科書に載っているものの一部でつくると例のようになります。教科書の俳句は、季語があり、切れ字があり、五七五である、という「形」にはまったものがほとんどですから、少し違うものも入れておくとよいでしょう。

短冊　Bの裏	Bの表	A
種田　山頭火（たねだ　さんとうか、1882年（明治15年）12月3日―1940年（昭和15年）10月11日）。よく「山頭火」と呼ばれる。自由律俳句のもっとも著名な俳人の一人。	・も分け入つても青い山	① いくたびも

正解は、次のとおりです。

いくたびも雪の深さを尋（たず）ねけり　　正岡子規（まさおかしき）

分け入つても分け入つても青い山　　種田山頭火（たねださんとうか）

古池や蛙（かわず）飛（とび）こむ水のおと　　松尾芭蕉（まつおばしょう）

斧入（おのいれ）て香（か）におどろくや冬こだち　　与謝蕪村（よさぶそん）

ゆさゆさと大枝ゆるる桜かな　　村上鬼城（むらかみきじょう）

アドバイス

分け入つても分け入つても青い山

声に出してみると、五七五が俳句だ、というと、本来の俳句の形式だけからいうと、あり得ない切り方です。しかし、同時に本来の五七五の形式には収まらない俳句というものも存在するということに気づくことも楽しいことなのです。「あり得ない」、と叫ぶものがあるはずですね。「あり得ないことがある」、ということに気づくことが大事なのです。どれだけ俳句は、文字によって視覚化できるかということなのですが、経験がないできごとや、俳句全体をとらえることが不慣れだったり、季語や切れ字といった決まりごとに翻弄され、「正解」を探し出すことだけを重視すると、実は味わうことを尻込みをしてしまうのです。このことがただ文字合わせで五七五と指を折ってつくらせる俳句になってしまうのです。余韻や感動をぎゅっと詰め込む俳句の宇宙を感じとれなくなるのです。よいつくり手はよい読み手でもあることが、安心して「まちがう」ことからの交流でわかることでしょう。

いくたびもも分け入っても青い山

という、「正解」から離れたつなぎをしても、それをみんなで検討してみるのが、実はおもしろいことなのです。どんな風景が浮かび上がるのかを推理して楽しむのです。想像し合うその過程を楽しみます。

● 参考資料 ●

佐藤広也著 『子どもたちはワハハの俳句探偵団』1997年 労働旬報社
詳しくは、第Ⅳ部「ガイド 読書のアニマシオンがわかる本」参照。

（佐藤広也）

16
こぼれた物語
ばらばらになったことばをつないでお話をつくろう

話し合いながらばらばらになった〈ことばカード〉を並べています

目的

ページからこぼれたことばをつないで物語を再生する。

対象・時間

小学校4年〜おとな／40人まで／3人程度のチームを組みます。

40分程度

準備

①『もぐらのバイオリン』(デイビッド・マクフェイル 作・絵　野中ともそ 訳　ポ
プラ社　2006年) をチーム数用意。

②絵本の第1場面と第13場面の文を文節ごとにカードに書き出します (以下〈こ
とばカード〉)。

●第1場面 (p.5) の〈ことばカード〉

「もぐらは」「ひとりきりで、」「じめんの」「したに」「くらしていました。」

「ひるまは」「トンネルを」「ほって」「すごします。」

(第13場面も同様に〈ことばカード〉を作ります)

③第1場面の〈ことばカード〉はアニメーター用にも作り、読み聞かせをすると
　き、絵本からこぼれ落ちるように仕掛けておきます。

④絵本の第1場面と第13場面 (p.18-19) の文全体を隠します。

すすめ方

①参加者は3人程度のチームを作り、自己紹介をすませておきます。

②アニメーターは子どもたちの前に立って絵本を見せます。「きょうは、私の大
　好きな『もぐらのバイオリン』を読みます」と言って絵本を示します。表紙、
　とびらを見せ、第1場面を開いた瞬間に〈ことばカード〉がこぼれ落ちるよう
　にします。そして、「お話がこぼれ落ちてしまいました。カードをつなげてお
　話をつくってください」と言います。

③チームに〈ことばカード〉・マジック・画用紙を配ります。

④参加者は〈ことばカード〉をつないでお話をつくり、画用紙に書き出します。

⑤アニメーターは各チームのお話を紹介し、つなぎ方の違いによって生じるお
　話の意味合いの違いを確認します。

⑥各チームに1冊ずつ絵本を渡し、第1場面を読み聞かせます。さらに、第2場
　面から第12場面まで読み聞かせます。

⑦第13場面のお話が消えていることを確認し、再びお話づくりに挑戦させます。
　このとき、第1場面から第12場面をふり返って、お話の流れを確認させます。

⑧各チームのお話を第1場面と同様に確認します。

⑨最後に、物語の初めから終わりまで読み聞かせます。

❶ じめんの したに もぐらは くらしていました。 ひるまは ひとりきりで トンネル を ほって すごします。	❷ もぐらは ひとりきりで くらしていました。 じめんの したに トンネルを ほって ひるまは すごします。
❸ もぐらは ひとりきりで じめんのしたにくらしていました ひるまは トンネルをほってすごします。	❹ もぐらは じめんの したに トンネルを ほって すごします。 ひるまは ひとりきりで くらしていました。
❺ じめんのしたにもぐらは トンネルをほってすごします。 ひるまは ひとりきりで、 くらしていました。	❻ もぐらは じめんの したに ひとりきりで くらしていました。 ひるまは トンネルを ほって すごします。

　第1場面の文は、9つの〈ことばカード〉から構成されていますが、これら
をまったく同じようにつないだ班は、ありませんでした。そのことを子どもた
ちに確認させたあと、「ひとりきりで」のつながり方に着目させました。大別す
ると、次の2つでした。

　A「ひとりきりで」→「くらしていました。」

　B「ひとりきりで」→「トンネルを」「ほってすごします。」

　AとBでは、どのように意味の違いがあるのかを話し合うことで、文のつ
なぎ方の大切さ、おもしろさを知ることができました（「じめんのしたに」も同
様）。

アドバイス

絵本のお話の文に合わせることが目的ではありません。ことばの意味を考えな
がらつないでお話をつくることが目的であり、そのつなぎ方によって意味合い
が微妙に違ってくることを知ることが目的です。

こんなこともできます

①まったく文字のない絵本『木のうた』（イエラ・マリさく　ほるぷ出版　1997年）
のお話づくりをおすすめします。この絵本は自然の移ろいのなかで、姿を変
えていく画面のまん中に据えられた野原の１本の木に寄り添いながら生きて
いくさまざまな生きものの物語です。各場面は、読者に深い感動を与えてく
れます。チームごとに１場面を担当してお話をつくり、物語を完成させ発表
させます。さらに、その文章をそれぞれの場面に（つくった子どもの名前とと
もに）貼っていくと「世界に１冊の絵本」ができます。

②説明的文章のキーワードや接続詞をばらばらにし、つなぎ合わせる活動もで
きます（説明的文章は、物語以上に筋道を大事にした活動になります）。

（金指孝造）

きみたちが作家なら

決闘か和解か

ティエリー・デデュー 作
柳田邦男 訳
講談社 2008年

ヤクーバとライオン I 勇気　ヤクーバとライオン II 信頼

目的

次の一場面を考える。

対象・時間

小学校高学年～おとな／ 25 ～ 40人／ 3、4人程度のチームを組みます。

約50分

準備

①『ヤクーバとライオン I 勇気』と『ヤクーバとライオン II 信頼』の2冊をアニ
　メーター用＋チーム数用意します。

②下書き用のワークシートをチームに1枚用意します。

　ワークシートは次の4種類に分けて作ります。

A「最後はライオンが勝って終わる」と書いてあるもの

B「最後はヤクーバが勝って終わる」と書いてあるもの

C「最後はヤクーバもライオンも倒れて終わる」と書いてあるもの

D「最後は勝負がつかずに終わる」と書いてあるもの

③発表用（清書用）のシートをチームの数だけ用意します。

これには本文にある「ついに、たたかいがはじまった。／ライオンはきばを
むき、男はやりをかまえた。」の2行を書いておきます。

すすめ方

①参加者は3〜4人程度のチームを組んで座ります。

②『ヤクーバとライオンⅠ』をチームに1冊渡して、読み聞かせます。

本は課題に取り組むときも、くり返し見て確認できるようにします。

③「この作品には続きの物語があります」と言って、『ヤクーバとライオンⅡ』
の途中まで（ヤクーバとライオンがたたかう場面の手前まで）、読み聞かせます。

④たたかいの場面の最初の2行（「ついに、たたかいがはじまった。／ライオンはき
ばをむき、男はやりをかまえた。」）まで読み、この後に続くたたかいの場面を
チームで創ることを伝えます。

⑤ワークシートと清書用紙を配ります。

配布されるワークシートに書いてある条件に従って創ること、その条件は
チームにより違うものなので、他のチームには内緒にしておくように伝えま
す。

⑥チームごとに、創った話を発表します。

⑦原作がどういうものであったかを読んで聞かせます。

【ワークシートの例】

「ヤクーバとライオン」～きみたちが作家なら～

チーム名		メンバー	

「ついに、たたかいがはじまった。
ライオンはきばをむき、男はやりをかまえた。」

この後に続くたたかいの場面を作ってください。ただし、条件は次の通りです。

【条件】　①最後は勝負がつかずに終わる。

　　　　　②それぞれの（ヤクーバとライオンの）たたかいのようすを書く。

　　　　　③たたかいながらライオンが思ったこと、たたかいながら男が思ったことをそれぞれ１つから２つ入れる。

　　　　　④話の長さは、１行20字で12行程度にする。

（相談するときのメモらん）

★相談がまとまったら、清書用紙に書こう。

＊ワークシートの例にある条件の①が、次の４種類に分かれます。
A　最後はライオンが勝って終わる。
B　最後はヤクーバが勝って終わる。
C　最後はヤクーバもライオンも倒れて終わる。
D　最後は勝負がつかずに終わる。

アドバイス

条件①（終わらせ方）の提示の仕方は、2通り考えられます。

1つは、「すすめ方」にあるように、はじめからワークシートに書くことで指定する方法。

2つ目は、はじめに4種類の結末を示してチームで選ばせる方法です。

こんなこともできます

『ヤクーバとライオンⅠ勇気』を読んだ後、本物の帯は見せないで「キャッチコピー」を考えます。文は10～30字くらいまでとし、本の内容を想像させ、人の気持ちをひきつけるように、文や言葉を工夫するようにします。

作成者名を伏せてボードに貼り、挙手で上位3～5点を選びます。

選ばれた人は、特に工夫したところ・注目してほしいところを発表します。

【キャッチコピー作品例】

上＝中学3年生の作品　　下＝小学3年生の作品

ブックリスト

『ヤクーバとライオンⅠ勇気』ティエリー・デデュー作　柳田邦男訳　講談社
　2008年

『ヤクーバとライオンⅡ信頼』ティエリー・デデュー作　柳田邦男訳　講談社
　2008年

（大谷清美）

18

にじんだ文章は何か?

物語のしかけを推理する

目的

①ばらばらになったカードを再構成する。

②かくされた部分を文脈から推理する。

対象・時間

小学校高学年〜おとな/何人でも可能/3〜4人程度のチームを組みます。

45分程度

準備

星新一「ユキコちゃんのしかえし」を5つのフレーズに分けて、5枚1組の物語カードを作成します。

物語カード5枚×各チーム分、発表用推理用紙×各チーム分を用意します。

すすめ方

①参加者は3～4人程度のチームを組んで座ります。

②「みなさんに、ある物語を読んでもらおうと、印刷してきたのですが、
　ページ番号をふり忘れてしまいました。だから、物語の順番がばらばら
　なので、まずは5枚の物語をチームで読んで、順番を予想してください」

③「おっちょこちょいな私は、印刷した1枚にジュースをこぼしてしまいまし
　た。5枚のなかの1枚に、にじんでしまった文章があります。そこに書かれて
　いた文を推理して、そのわけをチームで考えて発表してください」

④②・③と区切って説明した後に、何か質問はないか、たずねます。

⑤各チームに物語カード5枚、発表用推理用紙を配布します。

⑥15分程度経過したところで、物語の流れ（順番）を確認します。

⑦15分程度、にじんで隠れてしまった文章について各チームで考え、その推理
　した内容（文章）とその理由を発表していきます。

⑧みごとな推理をしたチームを讃えます。

⑨にじんでいない1枚（原作文）を渡し、読み合います。

⑩本の作者を伝え、他にも同類の本がたくさんあることを紹介します。

アドバイス

①5枚の出題カードを1人が順番に読むのではなく、3～4人で分担して読み
　合い、その後、順番を話し合うほうがスムーズにいきます。

②物語の順番を全体で確認するかどうかは、各チームのようすを見まわって、
　どのチームもスムーズな流れ（順序）であれば必要ないでしょう。

③にじんだ文章とその推理について悩んでいるチームには、結末の「なにもか
　もかんちがい」「からかったりしなくなった」に着目させ、設定のなかで自由
　に想像する楽しさを伝えましょう。

【出題カードの例】

星新一 著「ユキコちゃんのしかえし」角川文庫刊『きまぐれロボット』所収

A

研究室のなかで博士は熱心に薬を作っていたが、や
がて、うれしそうにつぶやいた。
「さあ、できた。きみを調べてみることにしよう」
それから、ネコをかかえて、犬の入れてあるオリの
そばへ行った。強そうな犬で、ネコを見ているのであ
る。
ネコのほうは、こわそうにふるえはじめた。
博士はいまの薬をネコの頭にぬり、オリのなかに押
しこんだ。ふつうなら、たちまちやられてしまうとこ
ろだ。しかし、薬のききめのためか、なにごともおこ
らなかった。それどころか、犬はネコの子分のように
おとなしくなってしまった。
「これでよし。みごとに成功だ」
と博士は満足そうにうなずいた。

B

そとへ出て、あたりを散歩した。そのうち、めざす
相手を見つけた。
「ねえ。いつかはよくも、あたしをいじめたわね」
はたして、ききめはあるのだろうか。反対にやっつ
けられてしまうのではないかと、なんだかこわくなっ
た。しかし、心配することはなかった。ふりむいた男
の子は青い顔になり、ふるえ声で言った。
「ぼくが悪かった。あやまるよ」
いつもはいばっているのに、そのような変わり方
だった。このすばらしい効果に力を得て、ユキコちゃ
んはさらに言った。
「そんなことを言わずに、かかってきたらどうなの」
「ごめん、ごめん」
男の子は泣きそうな声を出して、逃げていった。ユ
キコちゃんは、すっかりおもしろくなってしまった。

C

うたを歌いながら道をまがったり、公園へ行ったり
して、いじわるな男の子たちを見つけては声をかけた。
「さあ、しかえしにきたわよ」
「もういじめたりしないから、かんべんしてよ」
どの男の子も、みんな恐れいって逃げてゆく。おと
なのなかにも、こわごわ道をよけるのがいた。これで
いつものかたきうちができ、ユキコちゃんは大喜びで
家へ帰ってきた。
玄関を入って、ドアをしめようとふりむいて驚いた。

大きな悲鳴をあげると、となりから博士がやってき
て、わけを話してくれた。

D

この光景を、遊びに来ていたとなりの家の子、ユキ
コちゃんが物かげからすっかり見ていた。そして、こ
う思う。
「すごいお薬ね。あんなに簡単に、相手を恐れいらせ
てしまう作用があるなんて。あたしも使ってみたいな」
ユキコちゃんは、おとなしい性質だった。だから、
時々、友だちにいじめられる。それがくやしくてなら
なかったのだ。
目を輝かしてうらやましそうにながめていると、博
士は用事でも思い出したらしく、部屋から出ていった。
「いまのうちだわ。ちょっとだけ、使わせてもらおう
っと」
ユキコちゃんはすばやく机の上のびんを取り、頭に
つけてみた。自分ではとくに強くなったような気はし
なかったが、きみめのあることはたしかだ。いま、こ
の目で見たばかりだもの。
その薬からは、甘いようなにおいがした。このにお
いが相手を恐れいらせるのだろう。

E

なにもかもかんちがいではあったが、その日から、
だれもユキコちゃんをいじめたり、からかったりしな
くなった。

考

① ばらばらになった物語の順番を考えよう。

名前（　　　　　　）

[□ → □ → □ → □ → □]

② Ｃの場面には、ジュースがこぼれてしまい、
二か所文字がにじんでいます。
にじんだ一文と、そのわけを書こう。

そのわけ

[　　　　　　　　]

【活動のようす・作品例・感想】

すすめ方⑤　グループで物語を読み合う　　　すすめ方⑦　グループの推理を発表する

> 鏡に映った顔が悪魔のようだったからだ。研究室で君がとった薬はただの
> ジュースだよ。だから強くなってなどいない。ユキコが信じこんだ顔が悪
> 魔のようで怖かったから驚いたんじゃ。

> 変な虫がたくさん寄ってきたのだ。ユキコが持って行った薬は、虫が寄っ
> てくるあまい香水だったんじゃ。男の子たちは、後ろで飛んでいる虫に驚
> いてさけていたのかもしれないね。

> ・物語のオチを予想するのが、とてもおもしろかった。ぼくも博士が作っ
> 　た薬をつけて犬と遊んでみたい。
> ・作者の文章は、私たちが考えた文とは全く違ったけれど、いろんなこと
> 　を想像するのが、とっても楽しかった。
> ・この話は、想像力を働かせて考える、とてもおもしろいお話だった。また
> 　みんなでやってみたい。星新一さんの違うお話も読んでみたい。

● 出題カード底本 ●
星新一著「ユキコちゃんのしかえし」角川文庫刊『きまぐれロボット』所収
● 参考書籍 ●
絵本『ユキコちゃんのしかえし』ひがしちから絵　偕成社　2014年

（藤條 学）

小さな種がつなぐ人々の輪

『種をまく人』でアニマシオン

SEEDFOLKS　種をまく人
ポール・フライシュマン
片岡しのぶ 訳
あすなろ書房 1998 年

目的

小さな種がどう展開するかを推理する。

対象・時間

小学校高学年〜おとな／何人でも可能／全体で 13 チームになります。
予読後、100 分程度

準備

①大きな封筒（13 枚）に各章ごとの抜き刷りの文とワークシートを入れます。

②ホワイトボードに、「大きく描き出した人物像」の絵、「人物がかかわった野
　菜」や「道具」の絵をマグネットで貼っておきます。

③首にかけられるようにした厚紙とクリップ

④タイトル用の紙とマジック

すすめ方

1【わたしはこんな人です】

①13のチームをつくります。

・作品は13章＝13人の人物が語るオムニバス形式になっています。

　そのため、参加者は13のチームをつくります。

②封筒を配布します（表に**あ〜す**と大きく書きます）。

・**あ〜す**は発表順で、作品の流れではありません。

・封筒の中はワークシートと各章ごとの抜き刷り。

③チームごとに抜き刷りを読みます。

　話し合いながらワークシートに書き込みます。

④チームごとに、抜き刷りの人物にあたるボードの「大きな人物像」の絵と「人

　物がかかわった野菜」か「道具」の絵を選び、厚紙にクリップでとめます。

2【物語を再現しよう】

①チームごとに発表順に厚紙を首に下げ、ワークシートに沿って発表します。

　発表後は1名が残り、前列の座席で待ちます。

②残った1名が物語の順に並びます。

③並んだ順番にどんなことをしたのか、短く話します。

　「わたしは〇〇です。こんなことをしました」

　話の流れや畑とのかかわりを考慮します。

④ボードの世界地図の上に、人物の小さな絵をその出身地に貼ります。

こんなこともできます

【タイトルをつけよう】

本の原題は「SEEDFOLKS」。自分たちがこの本にタイトルをつけるなら、何に

するか？　チームで考えてホワイトボードに貼ります。

【ブックトーク】

「ブックトーク」はポール・フライシュマンの作品を紹介し、次の読書へ誘いま

す。時間に応じて、書名だけにします。

【紹介する本のリスト】

『風をつむぐ少年』ポール・フライシュマン　片岡しのぶ 訳　あすなろ書房　1999年

『おとうさんの庭』ポール・フライシュマン 文　バグラム・イバトゥリーン 絵　藤本朝巳 訳　岩波書店　2006年

『マッチ箱日記』文／ポール・フライシュマン　絵／バグラム・イバトゥーリン　訳／島 式子　島 玲子　BL出版　2013年

アドバイス

【ワークシートの例】

チームごとにまとめてみよう！

わたしはこんな人です。
　★わたしの名前は（　　　　　　　　　　　　　　　　　　　　　　　）です。
　★わたしは（こんな人です）
　　（家族、民族、出身地、住んでいるところなどわかる範囲で）

　★（こんなことをしました）

　★（こんなわけで畑にかかわりました）

　★（関係のあるものはこれ【絵】です）（かかわり方も）

　　　　　　　　　　　　　　　　チームメンバー（　　　　　　　　　　　）

---

①チームごとの話し合いや発表、そして全体の話し合いは、楽しく活気のある雰囲気になるよう、アニメーターはリードします。

②きっと読んでみたくなり読書への誘いになりますが、対象者の年齢や時間を考慮してすすめます。

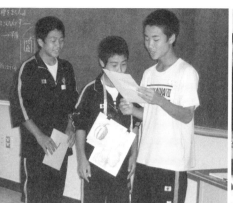

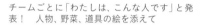

チームごとに「わたしは、こんな人です」と発表！　人物、野菜、道具の絵を添えて

話の順に並び、どんな人物で、どんなことをしたのか発表します

③実際に行う場合は1と2に分け、100分くらい必要です。

④世界地図で出身地を示すことができると、さまざまな人が1つの小さな種から夢をもってつながることが、とてもわかりやすくなります。

【実際に参加した中学生の感想】

・いろいろな人が種をまいて、汚かった空き地がきれいな畑に変わって、「いいな。」と思った。特にキムの話が好き。

・楽しいやり方だった。話がいろいろな人に分かれているのをうまく使っていて楽しかった。

・一見全く関係のないようにみえる話でも、どこかでつながっていて、面白かった。いろいろな人の視点から同じ物事についてどう考えていくのかが楽しかった。空き地がどのように変化していったのか、わかりやすく書いてあって良かった。

ブックリスト

『SEEDFOLKS　種をまく人』ポール・フライシュマン　片岡しのぶ 訳　あすなろ書房　1998年

（増田栄子）

20

詩人と出あう
ことばの奥にあるものは?

目的

①詩のことばに注目する。

②詩人の感情を推理する。

対象・時間

小学校高学年～／10～40人くらい／3～4人程度のチームを組みます／約50分

準備

①10～15編の詩を選んで、1枚のカードに一編ずつ書きます。

②さまざまな「感情を表す言葉の一覧表」(表A)を、チームの数用意します。

③扱う詩を一覧表にしたプリントを全員分作ります。

④「ワークシート」(表B)を用意します。

すすめ方

①アニメーターは、一編ずつ詩を書いた「カード」と「感情を表す言葉の一覧表」を各チームに配ります。

②各チームは、詩人が詩の中で表現している感情を「感情を表す言葉の一覧表」から選び、その言葉を選んだ理由もワークシートに書き込みます。

③１チームずつ発表します。アニメーターは、全員に詩の一覧表を配ります。

　・発表チームは自分たちの詩を朗読し、詩人がどんな感情を表現しているかを説明します。

　・聞いている人は、詩の一覧表に感じたことを書き込みます。

④発表後、書き込んだことをもとに、それぞれの詩について意見を交流し合い、詩の言葉や感情についてさらに考えを深めます。

⑤最後にアニメーターは、参加者が詩の中からどんな感情を見つけたかを確認します。

アドバイス

①アニメーターは、詩に込められた詩人の感情を発見する意見交換になるように進行しましょう。

②朗読にも工夫を加えることを促すと、互いに刺激をし合い深く読むことにつながるでしょう。

話し合いで発見された感情の一例

①「ダイヤモンド」寺山修司

「木という字を一つ書きました（中略）林という字になりました」

・一本では、さびしそう。緊張して孤独な感じ。増やした一本は、友だちか好きな人。安心するので一緒にいたいと願っている。

「淋しいという字（中略）なぜ涙ぐんでいるのかよくわかる」

・きらわれたり、わかってもらえないと、切なく、もどかしい。

・いなくなってしまう不安。会いたい。そばにいてほしい。

②「平和──赤ちゃんのかおに」竹中 郁

「どこにでも微笑みがおちている　どこにでもさざめきが散っている」

・信じ合っているから微笑や笑い声があふれる。自由に話せる安心感や喜びを感じる。

・やさしい子守歌も聞こえ、明るくて、「平和っていいなぁ」ってあこがれている。

「山羊の乳房はぴんと張るし（中略）水力発電機はハチのようにうなるし」

・作物が豊かで、健康なくらし。活気にあふれている。希望や夢がある。

・おいしいお乳を飲んで、赤ちゃんは満腹で満足。母さんは、安心。

C ブックリスト

『寺山修司少女詩集』寺山修司　角川文庫　2005年

『竹中郁少年詩集 子ども闘牛士』竹中 郁　理論社　1984年

表A【感情を表す言葉の一覧表】

うれしさ	照れくささ	恥じらい	ときめき	励まし	恥ずかしさ	楽しさ	もどかしさ	安らぎ	さびしさ	優しさ	感謝	自立心	不思議	幸せ	満足	疑問	不屈・あきらめない
まぶしさ	悲しみ	恋しさ	せつなさ	苦しさ	息苦しさ	好意・好き	いらだち	強がり	迷い	恋愛	愛	心細さ	気がかり	奮起	驚き	一途	
喜び	勇気	戸惑い	憧れ	希望	あせり	期待	怒り	不安	困惑	孤独	後悔	悔しさ	抵抗	安心	自信	得意	怖さ

表B【ワークシート】

「詩人に出あう」

1　チーム名　　（　　　　　　　　　　　　　　　　　　　　）

2　詩の題名　『　　　　　　　　　　　　　　　　　　　』

3　表現されていた感情（一覧表にない言葉でもかまいません。）

4　発表のためのメモ

（田邊妙子）

21

本を届ける現地リポーターになろう

『図書館ラクダがやってくる』でアニマシオン

3Dテレビの枠の中でチームで発表

目的

①3Dテレビの現地リポーターになって、「伝える」活動を体験する。

②本を届ける世界の活動を伝える。

対象・時間

小学校高学年〜おとな／10人以上なら何人でも可能／2人以上で13チーム（本のなかの国の数）を作ります／40〜60分

準備

①リポーターの発表資料となるワークシートを作ります。

②チーム数の本を用意します。

③参加者は筆記用具が必要です。

すすめ方

①「移動図書館」について内容を想像させます。

②即興で13チーム作り、『図書館ラクダ』の本とワークシートを配布します。

③アニメーターは次のように言って、ワークシートの書き方を説明します。

「みなさんは、世界で活躍している現地リポーターです。これから、いろいろな国の子どもたちへの本の届け方について伝えてもらいます」

④1チームで1つの国を担当し、分担した本のページを読み、ワークシートに書いていきます。

⑤書き終わったチームは発表練習します（10分程度）。

⑥アニメーターは、ニュースのナレーター役になり、次のように言います。

「ニュースの時間です。私たちは、たくさんの本のなかから自由に選んで好きなだけ読むことができます。ところが、世界に目を向けると、本を読みたくても身近に図書館がない国や地域がたくさんあって、子どもたちは好きなときに好きな本を自由に手に取ることはできません。でも、そういう国では、いろいろな工夫や細やかな配慮によって、子どもたちに本を届けているのです。きょうは、子どもたちに本を届ける移動図書館について世界中からリポートしてもらいます。まずは、○○○（国）からです。どうぞ!」

（以下、国名やリポーターの名前などアドリブでやりとりしながら続けます）

アドバイス

①いろいろな国の現地リポーターになりきって、アドリブで自由に表現する楽しさがあります。現地とテレビ局で楽しくやりとりしましょう。ナレーター役は参加者でもかまいませんが、学級だったら児童生徒の特性を知っている学級担任などがいいでしょう。

②1冊の本を分担して読み、内容を紹介し合うことで、短時間で本の世界を共有することができます。

③移動図書館について伝えるために、その国の特徴を探そうとすることは、本をじっくり見ることにつながります。

④参加者の人数に応じて紹介する国の数を調整できます。10人なら2人ずつの5チームにして、5つの国を選びます。紹介し合えなかった国については、アニメーターが口答で説明したり、「他の国については本を借りて読んでみてね」と読書指導に利用したりすることができます。

⑤テレビニュースらしく、小道具 (テレビ枠・マイク・衣装等) を使うことで、リポーター気分になり盛り上がります。3Dテレビだけに、テレビから飛び出すリポーターがいてもいいでしょう。

⑥3Dテレビ枠は80センチ×1メートル程度の段ボール箱で簡単に作れます。マイク等もお手製のもので十分です。

【ワークシートの例】

わたしたちは ［ （国名） ］ からお伝えします。

［ （国名） ］ は、＿＿＿＿ （国の特徴） ＿＿＿＿ です。

［ （国名） ］ は、＿＿＿＿＿＿を使って本を届けます。

（わかったことや感想など）

＿＿＿＿＿＿＿＿＿＿＿＿＿＿＿＿＿＿＿＿＿＿＿＿だと思います。

こんなこともできます

①『図書館ラクダがやってくる』でマッチング

「国名」「移動図書館の方法 (写真)」「国の特徴」などをカードにして、マッチングさせます。国の特徴をヒントにしながら、移動図書館の方法を考えることができます。カードに「国旗」などを加えてもいいでしょう。マッチングしたものを一覧表にしてチーム対抗にすることもできます。

②『図書館ラクダがやってくる』でクイズ

本を映像で映しながら読み聞かせします。途中で本の一部を隠しながらクイズを出していきます。全部のページを読み聞かせるにはかなりの時間を要するため、ページの内容を省略しながら読んでいきましょう。

③『図書館ラクダがやってくる』以外に、3Dテレビで楽しめる本は、科学絵本
　や図鑑など、たくさんあります。

【例】

『パンがいっぱい』 では、西アジアの人々が作るさまざまなパンについて、名前
　や作り方を現地から写真とともに紹介することができます。

『わたしのとくべつな場所』 では、主人公が「バス」「公園」「レストラン」「ホテル」
　「映画館」などで差別されたことをドラマ風に紹介し合い、みんなで差別や
　「特別な場所＝図書館」について考えることができます。

『きれいですごい鳥』 は、鳥の「○○がすごい！」と世界の鳥のなかから特徴的な
　部分を鳥博士になって伝えることができます。

④子どもたちに伝えたいすばらしい内容なのに、誰も手に取らず、図書館の隅
　で眠っている本に脚光を当てることもできます。

⑤『図書館ラクダがやってきた』と同じく、2010年の国際読書年に発行された
　『ぼくのブック・ウーマン』『トマスと図書館のおねえさん』 を紹介して本の世
　界を広げることもできます。

◯ ブックリスト

『図書館ラクダがやってくる　子どもたちに本をとどける世界の活動』マーグ
　リート・ルアーズ 著　斉藤規 訳　さ・え・ら書房　2010年

『トマスと図書館のおねえさん』ぶん　パット・モーラ　え ラウル・コローン
　やく 藤原宏之　さ・え・ら書房　2010年

『ぼくのブック・ウーマン』ヘザー・ヘンソン 文　デイビッド・スモール 絵
　藤原宏之 訳　さ・え・ら書房　2010年

『パンがいっぱい』大村次郷 写真・文　福音館書店　2012年

『きれいですごい鳥』上田恵介 監修　赤木かん子 文　パイインターナショナル
　　2014年

『わたしのとくべつな場所』パトリシア・マキサック 文　ジェリー・ピンクニー絵
　藤原宏之 訳　新日本出版社　2010年

（若松由花）

22

マンガ『銀の匙』で考える「食」

畜産との出会い

『銀の匙』キャラクター（2巻 p.4）
©荒川 弘

目的

①マンガの魅力を発見する。

②畜産の世界と出会う。

対象・時間

小学校高学年〜おとな／何人でも可能／4人程度のチームを組みます。

45分程度

準備

①子ブタとステーキの写真

②マンガ『銀の匙』のイラストをファイルにとじ、チーム数用意します。ファイルは綴じ込みタイプではなくポケットタイプを用いると、本を読んでいるよ

うな感覚ですすめることができ、「早く先を読みたい！」というワクワク感を
引き出すことができます。

ファイルの写真 　　　　　　　　　　　　　　　　　　©荒川 弘

すすめ方

①4人程度のチームを作り、自己紹介をしてチーム名を決めます。

②チームごとに1冊ずつファイルを配り、アニメーターは次のような説明をし
ます。

「これからファイルを使ってお話を読んでいきます。ファイルは勝手にめ
くってはいけません。私が『めくってください』と言ったら、1ページずつめ
くりましょう」

③ファイルをめくり、ステーキの写真と子ブタの写真を見ます。アニメーター
は、率直な感想を聞いていきます。

④【問題1】「**主人公は、何をしている人でしょう?**」

『銀の匙』主人公のイラスト（前ページ）から、主人公が何をしている人物なの
かを想像して画用紙に書くよう指示します。このとき、ヒントとして、前の2
枚の写真に関係していることを伝えます。正解を発表し、正解したチームに
は得点を入れていきます。ここでは、簡単なあらすじも確認します。

⑤【問題2】「**右はじの子ブタは、どうして小さいのでしょう?**」

子ブタのイラスト（次々ページ＝出題カードA参照）から、右はじの子ブタが他
の子ブタと比べて小さい理由について考え、画用紙に書くよう指示します。
その後、続きの展開（『銀の匙』1巻p.153〜155）を読みながら正解を確認する
とともに、子ブタの性質についてより理解を深めます。

⑥【問題3】「何ていったのかな？　セリフを考えましょう。」

　子ブタの性質と主人公のせりふや行動から、主人公の同級生のせりふ(右ページ＝出題カードB参照)を想像して吹き出しに書くよう指示します。正解を伝え、得点を入れます。この後、続きの展開(1巻p.158)を読んで、どうしてこのようなことを言ったのか、せりふに込められた思いを確認します。

⑦【問題4】「3カ月後はどうなる!?」

　主人公と子ブタの3か月後を予想して画用紙に書くよう指示します。アニメーターはこの場で正解を言わず、「マンガを読んでみてください。」と伝え、お話に興味をもったまま終われるようにします。

⑧最後に正答の多かったチームを発表し、拍手を送ります。

アドバイス

①問題の次のページが答えになっているので、答えのページには黒い用紙などを入れておき、まちがえてめくっても答えがわからないようにしておくとよいでしょう。

②クイズ形式をとっていますが、正解・不正解の判断が難しいので、アニメーターがしっかりと判断基準をもっていることが大切です。子どもたちと確認しながら点数をつけていきましょう。

③子どもたちが気軽にマンガを手に取れるように、教室に常備しておくといいでしょう。

こんなこともできます

①対象者の年齢や知識に応じて、クイズの出題内容を変えることができます。

②「命をいただく」ということを深めていく場合は、他の教材と合わせることで有効な活動になるでしょう。

③絵本『うちは精肉店』の写真や文章はわかりやすく、リアリティに富んでいるのでおすすめです。

出題カードの例

【問題2】出題カードA（『銀の匙』1巻 p.152）

©荒川 弘

〈こんな回答が出ました〉
・一番最後に生まれてきたから。
・体が弱くてお乳があまり飲めないから。
・他の子ブタに全部のまれちゃうから。

【問題3】出題カードB（『銀の匙』1巻 p.157）

©荒川 弘

〈こんな回答が出ました〉
・「8番目だからしょうがないじゃん」
・「ほかにいい方法をさがしてみる？」
・「かわいがってはいけないのよ」

ブックリスト

『銀の匙　Silver spoon』荒川弘　小学館　2011年　1巻p.152〜155、p157〜
　158　2巻p.4
『うちは精肉店』写真と文 本橋成一　農山漁村文化協会　2013年
『豚のPちゃんと32人の小学生 命の授業900日』黒田恭史　ミネルヴァ書房
　2003年

（丸田香織・本田洋尭）

23

きみも芸術家
マティスに挑戦！

ワークショップでつくった切り紙作品

目的

①芸術家マティスの発見

②切り紙画法による創作

対象・時間

小学校高学年〜おとな／何人でも可能／4〜6人程度のチーム／約60分

準備

①絵本『ミッフィーとマティスさん』の紹介する箇所を選んでおきます。

②マティスの作品の変遷がわかりやすい絵を4枚ほど用意します。

【例】「読書する女」「緑の筋がある女」「赤のハーモニー」「王の悲しみ」

③『ミッフィーとマティスさん』に掲載されているマティスの切り紙作品から

　選んだ作品とタイトルカード（複数枚）を用意します。

【例】「カタツムリ」「狼」「水槽を泳ぐ女」「ハート」「サーカス」「束」「剣を飲む人」「礁湖」のタイトルカードと、それぞれのマティスの作品。

【注意】著作権の許諾が必要な場合には、手続きをします。

④作品の台紙（色画用紙４ッ切程度）、切り紙用色画用紙（10色程度）。

⑤はさみ、のり。

すすめ方

①〈導入〉アニメーターは絵本『ミッフィーとマティスさん』を抜粋して読み聞かせ、切り紙とマティスの切り紙作品について伝えます（読み聞かせ例後述）。

②〈**マティスの発見**〉年代順にマティスの絵4枚を並べ、アニメーターが説明。マティスの画風の変遷をたどり「切り紙画法」を紹介します（紹介例後述）。

③〈**マティスに挑戦**〉切り紙作品を作る。

1　はさみ（複数）、のり、切り紙用色画用紙をチーム1セット配ります。

2　準備した作品タイトルをボードに表示します（同じタイトル複数枚）。

3　アニメーターは次のように説明します。

・マティスの「切り紙画法」に挑戦してもらいます。

・各チームで相談して、タイトルを前のボードから選び、それにふさわしい台紙（4ッ切色画用紙）の色を選んで作品を作ります。

・作業時間は25分です。

・後で1分程度の作品紹介をしますので、相談しておいてください。

4　チーム全員で絵や形を決めて分担し、1枚の絵を完成させます。

5　各チームが作品タイトル、作品の説明、工夫したところなどを発表します。

④〈**まとめ**〉最後にそれぞれのタイトルはマティスの作品タイトルであることを伝え、マティスの作品を紹介します。

アドバイス

①60分で行う場合、〈導入〉〈マティスの発見〉には、あまり時間をかけません。

②絵本『ミッフィーとマティスさん』は、サイズの小さい本なので、会場によっては読み聞かせのときに、実物投影機を使うなど工夫をします。

③切り紙の作品を作るときは、豊かに創作できるように台紙の色と切り紙用の色画用紙は豊富にそろえるようにしましょう（折り紙、色上質紙なども可）。

④『ミッフィーとマティスさん』は、ブルーナの作品とマティスの作品の対比を楽しむことができる絵本です。時間があれば、別の機会に楽しんでみましょう。

【〈導入〉〈マティスの発見〉紹介の例】

〈導入〉『ミッフィーとマティスさん』の表紙を見せ、p.2 〜 11まで読み聞かせます。最後に、p.7のマティスがはさみを使って制作中の拡大写真を見せます。

〈マティスの発見〉マティスについて参考文献をもとに「アニメーターの見解」として、次のようなポイントで時代とその代表作を紹介します。

・マティスは20世紀を代表する画家のひとりです。

・マティスは法律家を目指しますが、21歳で長いあいだ入院したときに絵を描き始め、本格的に画家の道にすすみます。

①**【写実的な時代】**「読書する女」1895年　26歳

・写真のように見たままの形と色で描かれた写実的な時代の作品。

・この作品はフランス政府に買い上げられ、画家として認められます。

・この時期、「自分にしか描けない絵を描きたい」と思うようになります。

②**【野獣派の時代】**「緑の筋がある女」1905年　36歳

・構図は伝統的な肖像画ですが、顔の真ん中に実際にはない緑の筋があり、顔の左右の表情を色により変えています。鮮やかな色遣いと荒々しいまでの力強いタッチで描かれ、この作風からマティスは「野獣派」と呼ばれます。

・この作品は後に、マティス夫人らしさがよく出ていると評価されます。

③**【色の調和の時代】**「赤のハーモニー」1908年　39歳

・見る人が癒され安らぎを感じる作品。色と形の調和を目指します。

・はさみで形を切り抜き、絵の上において構成を考える方法を使っていました。

④【切り紙画法時代】「王の悲しみ」1952年　83歳

・切り紙の方法が、マティスの晩年に生かされました。大きな病気をして体力をなくした彼にとって好ましい画法だったからです。

・前の3枚の作品は油絵ですが、この作品は紙に水彩絵の具で色を塗り、形をはさみで切り抜く「切り紙画法」という方法で作られています。

・マティスは84歳で亡くなるまで作品をつくり続けました。

・ピカソとも親交がありました。

C ブックリスト

『ミッフィーとマティスさん』(こどもと絵で話そう)菊地敦己 構成　国井美果 文　美術出版社　2013年

● 参考資料 ●

『マティス』(おはなし名画シリーズ)森田義之 監修　西村和子 編集　博雅堂出版　2000年

『マティスの絵本 泊まってみたいな』(小学館あーとぶっく)　マティス画　結城昌子構成・文　小学館　1998年

『マティス 知られざる生涯』ヒラリー・スパーリング　野中邦子訳　白水社　2012年

『アンリ・マティス ジャズ』(岩波アート・ライブラリー)アンリ・マティス画　カトリン・ヴィーテゲ解説　長門佐季訳　岩波書店　2009年

（石井啓子）

24

編集者になろう

『海のいのち』から立松和平の世界へ

目的

①作家の世界の発見

②編集者となるグループ活動の体験

対象・時間

小学校高学年〜おとな／1チーム3〜6人までのチームを6つ作ります。

約45分

準備

①立松和平『海のいのち』を全員が読了してから行います。

②『海のいのち』を含め「いのち」シリーズ全7冊を用意します。

③シリーズの名前を書くための短冊にした画用紙を用意します。

④選んだ本の紹介をするためのワークシートを作成します。

⑤タイトルを書く画用紙とマジックをチーム数。

すすめ方

①参加者を6つのチームに分けます。

②アニメーターは、次のように問いかけます。

「立松和平さんは、『海のいのち』のほかに「いのち」と題名の付くシリーズを
出版しています。すべて「〇〇のいのち」となっていますが、どんな題名がつ
けられているでしょうか？　推理してください」

③用意した短冊に、子どもから発表された本の題名を書いて掲示します。

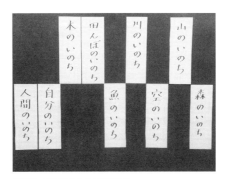

推理して発表された本の題名

④実際に出版されている本を紹介します（『山のいのち』『街のいのち』『田んぼの
いのち』『川のいのち』『木のいのち』『牧場〈まきば〉のいのち』の6冊）。

⑤アニメーターは、ワークシートを配付後、次のように説明します。

「シリーズの本から1冊ずつチームごとに選び、ワークシートに沿って記入し
ていきます。まず、1の"本を紹介しよう"を記入してください。記入後、チー
ムごとに発表してもらいます」

⑥チームに1冊となるよう本を選び、チームごとにワークシートに本の紹介内
容を話し合って記入していきます。

⑦ワークシートに記入したことを発表します。

立松和平の『…いのち』シリーズを読もう

1. 本を紹介しよう
    ① 本の題名……『   』
    ② 画家の名前…(   )
    ③ 主人公は…… (   )
    ④ いつの話…… (   )
    ⑤ 場所は……… (   )
    ⑥ あらすじは
 〈はじめ〉

 〈な　　か〉

 〈むすび〉

    ⑦ 作者が読者に考えさせようとしていることは何ですか?

    ⑧ 最も魅力的な (心に残った) 文章を抜き出してみましょう。

---

2. シリーズ本を1冊にしてタイトルをつけるとしたら
 『   』

⑧次に、アニメーターは、「これからみなさんに、編集者になってもらいます。
 立松和平さんの7冊の本を1冊にして出版するとしたら、どんなタイトルが
 ふさわしいでしょうか? 『いのち』という言葉は使わないことにして考えて
 ください」と問います。

⑨チームごとにタイトルを相談して、発表します。

⑩1人1票で、気に入ったタイトルに手を挙げます。

⑪一番得票の多かったタイトルをつけたチームに、タイトルの説明をしてもら
　います。

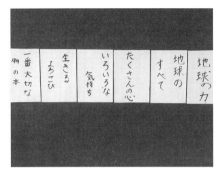

7冊をまとめてつけられたタイトル

アドバイス

①『海のいのち』を読み終えていることを前提とします。

②残りのシリーズ6冊を6チームに分けて使います。

③ワークシートはチームに1枚とし、あらすじは長すぎないようにします。

④ワークシートの記入に時間をかけないようにします。

◯ ブックリスト 〈立松和平著 "いのち" シリーズ (全7冊)〉

『山のいのち』伊勢英子 絵　ポプラ社　1990年

『海のいのち』伊勢英子 絵　ポプラ社　1992年

『街のいのち』横松桃子 絵　くもん出版　2000年

『田んぼのいのち』横松桃子 絵　くもん出版　2001年

『川のいのち』横松桃子 絵　くもん出版　2002年

『木のいのち』山中桃子 絵　くもん出版　2005年

『牧場のいのち』山中桃子 絵　くもん出版　2007年

（緒方敬司・田所恭介）

25

きょうはきみが映画監督

『博士の愛した数式』を映像につくりかえる

どのように映像にしたいか、チームで話し合いをする中学生

目的

①小説の一部を映画に翻案する。

②文学作品と映画の表現の違いを発見する。

対象・時間

中学生～おとな／何人でも可能／4～5人程度のチームを組みます。

約50分

準備

①『博士の愛した数式』(小川洋子　新潮文庫)をチーム数用意します。

②DVD『博士の愛した数式』監督・脚本：小泉堯史　発売：アスミック　販売：

　角川エンタープライズ

③画用紙とマジック（6色か12色のマジック）をチーム数用意します。

すすめ方

①参加者は4〜5人程度のチームを組んで座ります。

②『博士の愛した数式』の要旨を以下のように、説明します。

　「天才数学博士は交通事故で80分しか記憶がもてない人になってしまいました。その博士のもとに家政婦とその10歳の息子が来ました。博士と家政婦、息子は数学や野球のことで交流していきます。博士は息子をルートと呼び、交流が深まります。今から読むのは、ある春の日、博士と家政婦が1日を過ごす1コマです」

③『博士の愛した数式』を渡し、p.63〜73を読みます。

④「きょうはみなさんに、映画監督になってもらいます。映画監督の仕事は文庫本で270ページほどある本を約2時間の映画にするということです。これを『翻案』といいます。きょう、この10ページの話を3分間の映画の場面にしたいと思います。君が映画監督だったら、この10ページの内容のどこかを削り、どこかを強調して映像にしなければなりません。君なら3分間をどのような映像にしますか？　チームで話し合い、それを説明でも絵でもいいので画用紙にかいてみましょう」

⑤チームで話し合い、画用紙にかきます。

　ここは一番重要な活動なので十分時間を取ります。

　この話し合いでは発表の準備、練習も行います。

⑥チームごとに発表します。

　発表は前に出て全員に向けて行います。

　発表は2名以上で、絵を描いたチームは1人が絵を見せるようにします。

　文章だけのチームは、セリフをつけたり、わかりやすく説明することを心がけます。

⑦「では、日本で大ヒットした映画『博士の愛した数式』の監督小泉堯史さんは、どのような場面にしたか観てみましょう」

映画『博士の愛した数式』46分31秒から49分50秒の場面を観ます。

⑧「映画の感想を言ってください」

「えー、こうなの！と思った。私たちの考えたものとはまったく違い驚いた」

「桜がとてもきれいだった。私たちは桜をシーンに使おうとは思っていなかったので印象的だった」

「髪を切るシーンがまったくなかったのが、意外だった」などの声があがります。

⑨翻案の説明をします。

「原作の本を映画にすることを『翻案』と言います。この翻案には映画監督（脚本家）の考えや創意が入っています。だから、本と映画は違います。小説は読者が文章から想像しますが、映画は作り手が視覚的な世界に観る人を誘い込みます。同じ物語でも表現方法が違います」

⑩「あなたは本と映画ではどちらが好きですか。その理由は何ですか」

参加者が自分の考えを発表します。

⑪「この『博士の愛した数式』のように本を映画にした作品はいくつもあります。たとえば、あさのあつこさんの『バッテリー』、三浦しをんさんの『舟を編む』、長編では『ハリー・ポッター』もそうです。それらを読んで、映画を観て、本と映画を比較して楽しむのもよいかと思います。筋書きだけでなく、主人公のキャラクターを比べてみるなどの楽しみ方もあります」

アドバイス

チームで画用紙にかくときは、1枚にまとめなくても、紙芝居風になってもよいとつけ加えます。

【中学生が描いた絵】

どのように映像にしたいか、チームごとに発表

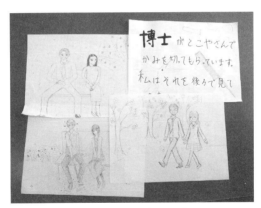

どのように映像にしたいか、中学生描いた絵

ⓒ ブックリスト

『博士の愛した数式』小川洋子　新潮文庫　2005年

「ファイル56　小説と、その映画化された作品との相互関係」『フランスの公共図
　書館　60のアニマシオン』

詳しくは、第Ⅳ部「ガイド 読書のアニマシオンがわかる本」参照。

（笠井英彦）

26

ファンタジーの創造

二項式で広がる空想の世界

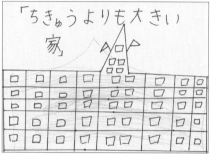 

カードに記された言葉は、みんなすてきなお話のタネです

目的

「ファンタジーの二項式」による創作

対象・時間

小学校低学年〜おとな／30人程度／4人程度のチームを組みます。

約40分

準備

物語づくりを想定して、「行きたい場所」「ほしい物」「乗ってみたい乗り物」「ほしい友だち」の4つをそれぞれ別のカードに書くよう子どもたちに伝えます。できたカードは、種類別に袋に入れておきます。

すすめ方

①参加者は、チームを組んですわり、自己紹介をすませておきます。

②アニメーターは、チームごとにカードを2枚引き、そこに記された事柄から物語をつくることを説明します。

③4種類の袋のうち、2つの袋から1枚ずつカードを引きます（計2枚）。

④アニメーターは、カードは取り換えられないこと、2枚のカードのイメージがかけ離れているほど、空想の余地が広がり、楽しく物語づくりができることを伝えます。

⑤各チームはお話をつくり、配布された画用紙にマジックで書きます。

⑥物語ができ上がったら、チームごとに物語を発表します。

アドバイス

①今まで、たくさん本を読み合ったり、物語の世界を楽しんだりした人たちは、すてきな物語の語り手になれるはずです。

②絵を入れたり、カラフルなカードをつくったりして、お話づくりを楽しむ雰囲気を盛り上げましょう。楽しい気持ちと自由な発想が物語を生みます。

③カードに書かれた言葉は、長いものも、短いものも、奇想天外なものも、平凡に見えるものも、みんな大切なお話のタネです。

④発表のときには、チームごとのちょっとした演出が、雰囲気を盛り上げます。

こんなこともできます

①前もってカードをつくらず、ついたてをあいだに置いた2人が、とっておきの言葉を1つずつ書けば、ついたてを外した時点から物語が成長し始めます。

②物語の続きをつくることや、1つの詩から物語を紡ぐことも可能ですので、挑戦してみましょう。空想の世界は果てがないことに気づくでしょう。

③チームの人数を増やし、長い物語をつくれば、本づくりにつながります。

【「4年生が書いたお話のタネ」カードの例】

● **行ってみたい場所**
地球よりも大きい家　なんでも雲でできている遊園地　どんなどうぶつでもしゃべれる場所　マンガ家が持っているペンやイラストが売っている店

● **あったらいいなこんなもの**
テストがかならず合格できるえんぴつ　なんでもできるステッキ　雨がお金　しゃべるぬいぐるみ　こわすぎてこしがぬけるおばけやしき　おもったことをかいてくれるえんぴつ　とっても長いドレス

● **乗ってみたい乗り物**
食べながら乗れるジェットコースター　空をとべて時速350キロ出せる車　どこでもワープできるのりもの　空をとべるじゅうたん　ビルから落ちても大丈夫なスケボー　ひとこぎで130キロでる自転車　小さくなったりできる車　地下に行って地上に出られない車　60輪車

● **こんな友ちがいたらいいね**
なんでも知っている人　ライオン　島根のともだち　鳥のように羽のあるひと　宿題をしてくれる人　しゃべれるちっちゃな動物をくれる友だち　宇宙人　自分がどんな悪いことをしても自分のみかたをしてくれる人　話せるクジラ　魔法が使える子　元気でいつもふざけあえる子　にんじゃ

【ワークショップで作った物語】（太字はタネカード）

❶ 　小学3年生のたいちゃんはマンガ家になるのが夢でした。毎日、ペンを使ってイラストの練習をしていました。勉強しないのでいつもおこごとをもらっていました。

でも、夏休みのある日、たいちゃんはとっても良くお手伝いをして、お母さんにおこづかいをもらいました。喜んだたいちゃんは自慢の自転車で、あこがれの**マンガ家が使うペン**を買いに行きました。

ところが、この**自転車はひとこぎで130キロもでる**のでした。さあ、たいちゃんはお店に着くでしょうか。家に帰れるのでしょうか？！

❷ 　きららちゃんが森を散歩して道に迷ってしまいました。ふと見ると、けがをした**カラス**がいます。羽をけがしているようで血が流れています。きららちゃんは、ハンカチで優しく羽を結わえてあげました。カラスが言いました。「ありがとう。お礼にこの羽を上げましょう。」そして、羽をぬいて差し出しました。

その時、目の前にあくまが現れ「俺様の顔をこれに描いてみろ！　上手に描けたら帰り道を教えてやろう」といいました。きららちゃんは、さっきカラスにもらった羽で描いてみることにしました。すると、なんと！　あくまの顔がとても上手に描けたのです。「それは**難しい絵でも簡単に描けるペン**だな。」あくまは、悔しそうに言ってから、帰り道を教えてくれました。

ブックリスト〈ジャンニ・ロダーリの物語づくりのための本〉

『物語あそび──開かれた物語』ジャンニ・ロダーリ　窪田富男訳　筑摩書房　1981年

『幼児のためのお話のつくり方』ジャンニ・ロダーリ　窪田富男訳　作品社　2003年
　　　　　　　　　　詳しくは、第Ⅳ部「ガイド 読書のアニマシオンがわかる本」参照。

『羊飼いの指輪　ファンタジーの練習帳』ジャンニ・ロダーリ　関口英子訳　光文社古典新訳文庫　2011年

（千田てるみ）

27
私のエッセイを書こう

エッセイストのパターンをとりいれて

目的

①エッセイの基本パターンの発見。

②「わたしのエッセイ」を書く。

対象・時間

小学校中学年～／何人でも可能／内容によってグループを組みます。

クイズ20分、段落分け40分、まねっこエッセイ作り40分、エッセイ作り40分～

準備

①本『ねにもつタイプ』『ももこのいきもの図鑑』『甘党ぶらぶら地図』「東海林
　さだおの丸かじりシリーズ」

②3、4話分のエッセイの段落ごとのあらすじをまとめたプリント

すすめ方

①『ももこのいきもの図鑑』を使って「生き物クイズ」です。答えとなる部分を
〇〇として、文章を読みすすめていき、読んでいくうちにどんな生き物かわ
かったら予想した生き物を言います。カブトムシ、ハムスター、アオムシ、カ
メを出題しました。手軽にできるゲームです。

このクイズを通して、説明文ではないですが、生物学的な根拠ではなく、好
き嫌いなどの私的な思いや、育てた体験などから、その生き物を読み取るこ
とができます。

もう1つ、「おだんごクイズ」をします。黒板にだんごを描きます。「だんごが、
ア：串に3個、イ：串に4個、ウ：串に5個、エ：串に5個で1個がはなれている、
オ：皿に3個、カ：空飛ぶだんご、以上6種類です。ア〜カで実際に売られて
いるだんごはどれでしょう？」と質問し、1つずつ手を挙げて人数を数えます。
エのだんごは、「賀茂みたらしだんご」で日本で一番古いお団子屋さん。なぜ
1個だけだんごがはなれているのかは、調べたい！という気持ちを引き出す意
味でも理由は言いません。オの代表は「言問だんご」。カまで終わったら、ど
れも売っていると話します。

このクイズを通して、日本各地にあるおだんごは、それぞれ由来があり、だ
んごの数、形態にも意味があることを知ってもらいたいと思いました。また、
ほかのだんごにも興味を持ち、調べようとしてくれればいいと思います。

②「段落分け」をしました。形式段落ではなく、意味段落に分けます。「このエッ
セイは大きく5つに分けられます」と事前に伝え、内容をおおまかにとらえ
させます。構成（あらすじをまとめたもの）プリントで答え合わせをします。酒
井順子、さくらももこ、東海林さだおの順で構成をとらえます。酒井順子さ
んのエッセイが一番作文風で、東海林さだおさんは、自由自在でユーモアが
多く、まねるにはかなり高度です。

③エッセイ作りは、どうしても時間がかかります。そこで、作品を絞って、「ま

ねっこエッセイ作り」をします。『ねにもつタイプ』の「裏五輪」という作品の
あらすじだけ紹介し、グループごとに、段落を担当します。「オリンピックが
嫌いな理由」「スポーツの嫌な思い出」「スポーツの起源を勝手に考える」「オ
リンピックの運動能力に関係ないくだらない種目を考える」「金・銀・銅に
代わる賞品」をそれぞれのグループで話し合います。発表した後に「裏五輪」
の作品を読みます。

④「**エッセイ作り**」をします。2人～4人組を作ります。テーマを決めます。
　構成は、「題材にした対象をどう思うか、その思い出1、その思い出2、問題点、
改善点、取材、調べたこと、今後どうなるのか、その他」です。このなかから
グループで分担して、各自が担当します。できあがったら、順番を考え、1つ
の作品にします。
　例えば、あるグループは、「対象をどう思うか、思い出1、問題点、改善点」
を構成のなかから選びます。4人のうち1人が、このなかの1つを担当して、
4人で1つのエッセイを創るのです。
　内容に関係するクイズも出題します。題材当ては、『ももこのいきもの図鑑』
と同様に、エッセイに取り上げたものの名前を隠して読んでいき、わかった
人が当てていきます。タイトルは、エッセイの発表の後に題名だけ質問して、
みんなに当てさせます。どちらも、発表グループの子どもたちが出題します。

こんなこともできます

エッセイより短い「日記」作りにも応用できます。『某飲某食 デパ地下絵日記』
を読み、時系列の日記との違いに気づかせて、昨日の夕食をエッセイにします。

【エッセイの構成プリントの例】

「一関　郭公だんご」（『甘党ぶらぶら地図』）の構成

【団子と観光がよく似合う】（筆者の考えが書かれている段落）
日常のお茶菓子なら団子でなくてもよい
串に刺してある団子が観光気分を引き立てる

【エピソード　その１】
現地に向かうまで、新幹線で高校生との会話
自分の行く場所もすすめられた

【エピソード　その２】
私の修学旅行と観光活動の始まりの地

【今回、見てきたこと】
景勝地の説明
郭公だんごの由来
郭公団子を食べる（味の説明は特にしていない。グルメレポートではない）
空とぶだんごの魅力（筆者の考え）

【まとめ】
だんごと観光の相性の良さをハナとダンゴと言いかえている

「セミ」（『ももこのいきもの図鑑』）の構成

セミの鳴き声に対する思い
セミは、邪気のない生き物（筆者の考え）
最も迷惑な相手は子ども（筆者の考え）

【エピソード】梨畑でセミ取り
【まとめ】セミをにがし、梨もとらずに何も〝なし〟

🄲 ブックリスト

『ももこのいきもの図鑑』さくらももこ　集英社文庫　1998年
『甘党ぶらぶら地図』酒井順子　角川文庫　2010年
『ねにもつタイプ』岸本佐和子　ちくま文庫　2010年
『ゴハンの丸かじり』東海林さだお　文春文庫　2006年
『某飲某食 デパ地下絵日記』東海林さだお　文春文庫　2003年

（海保進一）

28

なぞときブックトーク

わたしは、だれでしょう?

読み上げられたカードが、どの本であるかを書いて札を上げる

目的

①図書館の百科全書的な多様性の発見。

②さまざまなジャンルの本や資料の特徴を理解する。

対象・時間

小学校高学年～おとな／何人でも可能／4人程度のチームを組みます。

本や資料の準備によって、60分～20分。

準備

①図書館にある、できるだけ広範囲の本、資料、CD等をそろえ、一覧表を作ります。

②それぞれの特徴を書き出した出題カードを作ります。

すすめ方

①会場には、あらかじめ、一覧表にある本や資料に番号札をつけて並べます。参加者には会場に入るとともに、それを手に取って確かめておくように促します。

②参加者は4人程度のチームを組んで座り、自己紹介をすませておきます。

③アニメーターは次のように説明します。

「これから私が読み上げるカードは、一覧表（回答用紙）の中のどの本のことを説明しているでしょう？　チームで相談して、一覧表の回答欄に記入してください。迷ったときは資料コーナーに行って確かめることができます」

④アニメーターは、①のカードから読み上げていきます。要求があった場合は、5分間程度の「たしかめタイム」を設けて、資料コーナーに行く時間を設定します。

⑤アニメーターは各チームの回答を発表させ、どうしてそれにしたかなどを説明させたうえで、正解を発表します。

⑥最後に、正答の多かったチームを花まるチームとして讃えましょう。

一覧表（回答用紙）にある本や資料に、番号札をつけて並べておく

● 時間の配分によって、一覧表のすべての項目を行う必要はないでしょう。さまざまな本や資料への関心を喚起することがねらいです。他の資料については、どんなクイズだったのだろう…と考えてくれれば、目的は達成されたことになります。

● 同じ書籍でも単行本と文庫本が出版されていることがありますので、どれが適切か考慮することが大事です。例えば、M.エンデの『はてしない物語』(岩波書店)の場合、上製本では、表紙装丁が赤い布張りで目線によって文字が浮かび上がるようになっています。これが主人公バスチアンをひきつけたことになっているので、こちらがおすすめです。

出題カードの例

① ●新聞(2人の会話)

A「なんでも知ってるんだねえ!」

B「そうさ、ぼくは顔が広いからねえ…」

② ●歳時記

A「この暑いのに、甘酒なんか飲んでるの?」

B「甘酒ってのは、夏のものなのさ。江戸っ子は、これで汗をさまして元気をつけたのさ」

A「へっ。知ったかぶって。じゃあ、ブランコってのはどうだい?」

B「ブランコなんて、年から年中ぶらさがっているじゃあねえか…」

A「それみろ。ブランコは春のものなの。《ブランコや桜の花をもちながら》ってね。一茶の句だよ。いいだろう…」

③ ●類語辞典

A「C君、恋愛ということについて説明してみたまえ」

C「恋する。ほれる。ほれ込む。焦がれる。恋い焦がれる。身を焦がす。気がある。熱をあげる。愛しい。恋しい。趣味。愛。愛情。情愛。愛着。溺愛。偏愛。思慕。恋心。夢中。ぞっこん。相思相愛。最愛。熱愛。ラヴラヴ。でれでれ。めろめろ…。まだ時間あります?」

一覧表／回答用紙　　　　　　　　　　名前　（　　　　　　　　）

●上橋菜穂子『天と地の守り人』	文庫	
●『岩波国語辞典』	辞書	
●『東京新聞』	新聞	
●馬場のぼる『11ぴきのねこ』	絵本	
●『心やさしく笑顔になれる音楽』	CD	
●『類語辞典』小学館	辞書	
●『写真で見る歳時記』	歳時記	
●谷川俊太郎詩集『ぼくは　ぼく』	詩集	

こんなこともできます!

● 対象者の年齢やそのときの開催テーマ等に即して、準備することが必要です。

●「Ⅱ部7　オオカミがにげた!」が低・中学年児童対象の「図書館の発見」活動となるでしょう。

● 辞書・事典だけによる限定的な展開も、それぞれの辞書の「個性」に興味関心を高めることになります。

● 参考資料 ●

「ファイル48　なぞかけブックトーク」『フランスの公共図書館　60のアニマシオン』ドミニク・アラミシェル著、辻由美訳、教育資料出版会、2010年

（岩辺泰吏）

29

さがしています
沖縄戦の遺品の「声」を聴く

万年筆が語る言葉とは…グループで考え中

目的

①戦争の遺品から持ち主の思いを想像する。

②平和について考える。

対象・時間

小学校高学年～おとな／4人程度のグループを組みます／約45分

準備

①『さがしています』と『ぼくが遺骨を掘る人「ガマフヤー」になったわけ。』を
　グループ数分用意。

②万年筆に吹き出しをつけたワークシートを準備します。

③『ぼくが遺骨を掘る人「ガマフヤー」になったわけ。』より写真（右）を準備。

写真＝『ぼくが遺骨を掘る人「ガマフヤー」になったわけ。
　　　　──サトウキビの島は戦場だった』
（具志堅隆松 著　合同出版　2012 年）より

仮埋葬された遺骨

戦没者刻銘壁。写真中央に「朽
方精」さんの名前が刻まれている

「朽方精」と刻まれた万年筆

ぼくが遺骨を掘る人
「ガマフヤー」になったわけ。
サトウキビの島は戦場だった
具志堅隆松 著
合同出版 2012 年

さがしています
アーサー・ビナード
岡倉禎志 写真
童心社 2012 年

137

①『さがしています』のp.2〜p.7とp.30を読み聞かせします。

②原爆や沖縄戦の概要を説明します。

③万年筆が遺族に渡るまでの経緯を写真を使って説明します。

④万年筆が語る言葉を想像し、グループで考えます。

　『さがしています』を参考にしながら、万年筆の気持ちになって、できるだけ
　具体的に書くように声かけします。

⑤グループで発表します。

⑥関連する本を紹介します（ブックリスト参照）。

【生徒作品】

私は万年筆です。戦争で亡くなった朽方精さんを探しています。朽方さんは，いつも私をつかってくれました。優しくにぎってくれました。とっても優しく温かかったです。土にうまっていた70年間、ずっと探しています。もう一度朽方精さんに握って書いてほしいです。

私は万年筆。長い間土の中でうもれてねむっていました。ある日、発見されて起きた。外は明るくて、気持ちがよかった。朽方精さんにまた会いたい…。

おれは 万年筆
ある男に大切に使われていた。おれはその男をさがしている。もう一度大切に使ってもらいたい。70年前のあの日からずっとさがしている。

具志堅さんがぼくの上を歩くとき、ぼくを見つけてくれるかドキドキしました。お願いがあります。ぼくの友だちも探してください。

アドバイス

①事前に平和に関する本を読み聞かせしておきます。

②日頃から平和について考える機会があると深まります。

③実物の万年筆があるとイメージしやすいです。

④各地域の戦争遺品を題材にしてもできます。

ブックリスト

『さがしています』アーサー・ビナード　岡倉禎志 写真　童心社　2012 年

『ぼくが遺骨を掘る人「ガマフヤー」になったわけ。──サトウキビの島は戦場
　だった』具志堅隆松 著　合同出版　2012 年

『マブニのアンマー ──おきなわの母』赤座憲久 文 北島新平 絵 ほるぷ出版 新版
　2005 年

『おきなわ島のこえ　ヌチドゥタカラ（いのちこそたから）』（記録のえほん）丸木
　俊・丸木位里　小峰書店　1984 年

『子どもにおくる本 沖縄は戦場だった』鈴木喜代春他編　らくだ出版　2007 年

『8 月 6 日のこと』文 中川ひろたか　絵 長谷川義史　河出書房新社　2011 年

『おとなになれなかった弟たちに』米倉斉加年　偕成社　1983 年

『被爆者』会田法行 写真・文 ポプラ社　2005 年

（山内絹子・知念あかね）

30

はじめの一歩の読書会

ショート読書を重ねて

話し合っているうちに、いつの間にか "フングリコングリ" をやっている子どもたち

目的

①先を予想しながら、少しずつ読みすすめる。

②みんなで1つの物語を楽しむ。

対象・時間

小学校4年生〜おとな／何人でも可能／4〜6人のチームを組みます。

30 〜 60分

準備

①『フングリコングリ──図工室のおはなし会』人数分。

②各自が感想を書くためのB5判半分くらいの色カードと、グループでそれを貼り読書ボードを作るためのA3判くらいの大きさの紙1枚 (話し合いの後使用)。

すすめ方

①はじめての人同士の場合は、チーム内で自己紹介をします。

②アニメーターは次のように説明をします。

「指示するところまで各自読んでください。話し合いの時間になるまでに早く読み終わった人は先を読まないで、元にもどって読み直していてください。話し合いの時間になったら、感じたこと思ったことを伝え合います。

次に、先がどうなるかを想像します。想像したことも伝え合います。読む、話し合う、先の想像をして伝え合う。それを3回くり返します」

③本の内容についておもしろかったこと不思議に思ったことなど話し合いますが、4人くらいの少人数なので、司会者はおかないで自然な会話が弾むように自由に話し合います。

④最後まで読んで、全体を通しての感想や考えを交流し合った後、カードに自分が思ったことを簡単に書きます。

⑤グループで読書ボードを作ります。A3判の紙にレイアウトを相談しながら書名・作者名を書きます。キャッチコピーを全員で考え加えます。そして、各自の感想カードを貼ります。時間があれば、絵を描き加えます。読書ボードのでき上がりです。

⑥全体で、各チームのキャッチコピーや読書ボードを紹介するなど、交流します。

アドバイス

①『フングリコングリ』は、全国学校図書館協議会発行の集団読書テキストに入っていますので、それを人数分用意して使うこともできます。

②読む時間を何分くらいでと指定しますが、全員が指定のところまで読み終えるように全体のようすを見ながら柔軟にすすめていきます。

③始める前に話し合うときの約束を確認するとよいでしょう。

相手の話を受けとめる姿勢が大切です。目線・うなずく・表情に気をつけましょう。そして、まず、肯定や共感の言葉から始めましょう。

④参加者の発言を促し励ますことは、アニメーターの役割です。多様な意見が
　出るようにアドバイスをしてください。
⑤その場で読み合って話し合うので、短編が適しています。
⑥対象者の年齢や、どこで行うのかに即した本を準備することが必要です。

こんなこともできます

①絵本を使用して読み聞かせの読書会を行うこともできます。しかし、「すす
　め方」に書いてある方法の場合は、文章の表現を読み取り話し合うことでコ
　ミュニケーション力を培っていきます。そのため、1人1冊の本を準備するこ
　とが望ましいです。
②本を人数分そろえる方法の他、グループごとに異なる本をテキストとする方
　法もあります。その場合はグループの人数分の本を用意すればよいので、準
　備しやすいです。何種類かの本を4〜6冊用意すれば、本を取り替えること
　で何回も読書会を行うことができます。
③『フングリコングリ』には、6編の作品が掲載されています。この本を使用し
　た場合は、そのまま他の作品を読んでいくことにつながっていきます。
④中学生と保護者、シニア世代と交流して読書会を行う場合などには、国語の
　教科書に掲載されている短編も使えますので、教科書を借りて行うこともで
　きます。
⑤読書ボード作成ではなく、その時間に、アニメーターがブックトークで、読
　書会で取り上げた作者の他の本を紹介する方法もあります。
⑥読書会後の時間に余裕があるときには、作者の他の本を回して少しずつ読ん
　でみる方法もあります。

⟲ ブックリスト

『フングリコングリ──図工室のおはなし会』岡田淳 作・絵　偕成社　2008年

【読書ボード作品例】

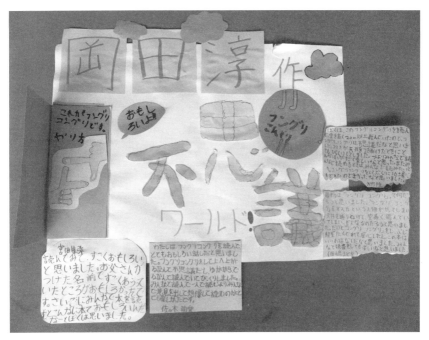

（福田孝子）

図書館と
アニマシオン

自立を支える図書館のアニマシオン

鹿児島国際大学教授・鹿児島アニマシオン倶楽部代表
種村エイ子

1 ● フランスの図書館とアニマシオン

　フランスで、アニマシオンとは図書館（公共図書館）が利用者に向けて企画
し、提案し、発信する読書と文化へのいざないの総称なのです。これは、『フラ
ンスの公共図書館60のアニマシオン』の翻訳者である辻由美さんの言葉です。
読み聞かせやおはなし、紙芝居、ブックトーク、作家との出会い、映像や画像
の分析、ディベートに哲学カフェなど、図書館が行う文化的な催しや行事は、
おとな向けであれ、子ども向けであれ、ありとあらゆる図書館の蔵書に息を吹
き込む活動として、アニマシオンと呼んでいるのです。

　そのことを実感したのは、辻さんがコーディネイトしてくださった第4次フ
ランスアニマシオン研修旅行（2015年3月）に参加した折です。辻さんがセレ
クトした図書館でのアニマシオンは、想像以上に多彩でした。研修後半に訪問
したパリ市立の図書館2館では、「家族の肖像展」「コンサート」「新人アーティ
ストの作品展」「クレープ作り」「就労支援」「動画（アニメーション）制作」「ヒッ
プホップダンス」まで、実施されていました。

　なかでも興味深かったのは、パリ20区のマルグリット・デュラス図書館が
地域の中学・高校と連携して行っている「戯曲に夢中!」「漫画に夢中!」の企

画です。あらかじめ司書がピックアップした戯曲や漫画の作品をアニマシオンに参加する生徒たちが読み、議論し、受賞作を選び、選んだ理由をプレゼンし、授賞式までやるのです。図書館や読書に親しむだけではなく、「批判的精神」を養い、「自己肯定感」をもち、自分の意見を発表できる「自立した市民」を育てるのが目的だそうです。

　研修前半は、パリ近郊ブルジュ市で、「エタミーヌ」というクラス全員が協力して1冊の本をつくるプロジェクトを見学しています。これには、フランス全土の幼稚園から高校生まで参加し、本を書く「著者クラス」、他校

フランスの公共図書館に掲示されている子どものアニマシオンプログラムの紹介

のクラスが書いた本を評論する「評論者クラス」、本を書き評論もする「著者・評論者クラス」があり、どれに参加するかは、クラスで話し合って決めるそうです。本づくりの過程で図書館の司書がアニマシオンを行います。どんな本をつくったらよいのか、そのイメージは図書館で用意された本との出会いで決まることも多いようです。

　絵本づくりは、日本でも実施しますが、子どもたちが、他のグループが手がけた作品の評価までやることはありません。コンクール形式になっていても、審査するのはおとなだけです。

　もうひとつのプロジェクト「デフィ・レクチュール（読書の挑戦）」は、ブルジュ市主催で、毎年小学校6校からそれぞれ1クラス、全部で6クラスが参加する大型アニマシオンです。期間は、新年度9月から学年末の5月までの約9か月、参加クラスの全員がジャンルの異なる指定書10冊（絵本、小説、漫画、知識の本、昔話など）を読み、クラス全員で話し合いながら、それぞれの指定書に関する

質問を文章やイラストで表現します。図書館は各クラスで、アニマシオンを5回、図書館見学を1回実施します。読書の挑戦の最終日（5月）、参加クラス全員が大会場で一堂に会し、子どもたちのイラストでつくられた「すごろく」を前にして、質問合戦を行うのです。日本だと、必読（推薦）図書を図書館や学校がリストアップしても、読んだ本について、子どもたちが議論し表現する場が、準備されているわけではありません。

　フランスでは、図書館で実施するアニマシオンの年間計画を学校へ送り、学校は参加するアニマシオンを選ぶ、という仕組みになっています。これだけ豊かなアニマシオンを継続して実施できるのは、1館あたり約40〜50名も正規司書がいて、それぞれが、美術や音楽、文学など専門分野をもっているからです。

　フランスの図書館でのアニマシオンは、1924年パリに最初の児童図書館「たのしいひととき館」が創設されて以来、図書館活動に欠かせないものになっています。『フランスの公共図書館60のアニマシオン』の著者で、司書でもあるドミニク・アラミシェルさんは、アニマシオンは次の役割を同時に果たしてきたと言います。

- 文化的役割：図書館の豊富な資料を発見させ、子どもたちの文化活動を促し、恵まれない子どもたちのために文化の民主主義化を目指す
- 社会的役割：同じ文化空間にやってくる子どもたちの出会いと交流の広場になり、社会的な絆をつくる
- 娯楽の役割：誰でも、無料で、好きなものを選んで楽しめる

　私たちがパリで訪問したのは、18区と20区の図書館で、いずれも移民が多い地域です。上記の3つの役割をもつアニマシオンは、ここの図書館活動にも欠かせないものになっています。とくに、18区のグット・ドール図書館のある地域に住む人々のなかには、フランス語の読み書きが不自由な人が少なくないそうです。市街地にある図書館は、ガラス張りで、1階には、日本の絵本『へんしんトンネル』を連想させるオブジェがありました。館内は、移動式書架で、変更は自由自在。午前中、私たちが、動画（絵本をもとにデッサンを描き、クラシック音楽をバックにしたアニメーション）制作のアニマシオンの説明を受けた部屋

は、午後には、児童室に早変わりしていました。午前中は、キャリア支援の部屋だった所が、午後には、ヒップホップダンスの会場になっていました。いずれも、読むのが苦手な子どもや若者を対象にしたもので、数か月かけて、発表会までこぎつけるそうです。参加者は、たくさんの人の前で発表することで、なにものにも代えがたい達成感を味わうことでしょう。そういう場を与えてくれた図書館にも、親しみを感じてくれるはずです。

2 ● 日本の図書館でのアニマシオン

　日本にアニマシオンが紹介されたのは、比較的新しく、1997 年にスペインのモンセラット・サルトさんの著作『読書で遊ぼうアニマシオン★』が翻訳出版された頃です。当時、この本に感銘を受けた教師たちによって、主に学校で実践が続けられ、1999 年に『ぼくらは物語探偵団——まなび・わくわく・アニマシオン★』が刊行されました。このような学校現場での広がりに比べて、図書館での実践は、なかなかすすみませんでした。

　そんななかで、アニマシオンに継続的に取り組んだのは、山梨県の甲州市立勝沼図書館です。合併前の勝沼町立図書館だった 2001 年より、『読書で遊ぼうアニマシオン』の翻訳者の 1 人青柳啓子氏の協力のもと、「カムカムクラブ」と称して、年度初めに小学 3 〜 4 年生を対象に 20 名ほどを募集し、月 1 回の活動に年間通じて取り組んでいます。

　毎月発行される「かむかむくらぶつうしん」は、勝沼図書館のホームページにアップされます。2015 年 9 月号には、絵本『ぶたのたね』を使ったクイズづくりとチーム対抗クイズ合戦、『うらしまたろう』の紙芝居のバラバラになった絵を並べ直し、絵にお話を付ける活動、さらに 11 月にある「カムカムフェスタ」で展示する各自のおすすめ本のポップづくりをやったことが掲載されています。フランスのブルジュ市の図書館でやっていた「読書の挑戦」を連想させるような活動です。「つうしん」には、仲間といっしょに作戦に取り組む子どもたちの生き生きした姿があります。

山梨県甲州市立勝沼図書館にて、アニマシオンの実践

　３〜４年生というと、読み聞かせが中心の従来の図書館おはなし会には参加しなくなる年齢ですが、アニマシオンは、そういう子どもたちも惹きつける力をもっているのです。さらに、勝沼図書館は、管内すべての小学校を巡回し、１〜２年生を対象にしたアニマシオンを実施しています。2014 年度からは、合併した地域の小学校へも巡回を始めているそうです。これなら、甲州市内すべての子どもたちが、小学校低学年でアニマシオン体験をすることになります。それにともない、甲州市立の全図書館職員がアニマシオンを行うアニマドール[2]になれるように研修しているとのこと。勝沼図書館は、2015 年度の「子どもの読書活動優秀実践図書館」として選ばれ、活動事例が文部科学省の「子ども読書の情報館」に掲載されています。それによると、幼児や小学生対象の月１回のおはなし会や、「まーの・あ・まーの」という聞こえない子のための手話によるおはなし会でも、アニマシオンを実施しているそうです。アニマシオンは、児童サービスの柱として位置づけられているのです。

3 ● 気軽にとりくもう、アニマシオン

　現在のところ、日本の図書館でアニマシオンを取り入れているところは、まだ「点」でしかありません。これを「面」にするためには、あまり難しく考えずに、いろいろな機会をとらえて、例えば次のように気軽にやってみることです。

　①ふだんのおはなし会でプログラムのなかにアニマシオンを取り入れる

　②学校から図書館見学に子どもたちがやってくる機会に「図書館発見」などのアニマシオンをやる

　③司書が学校や地域に出張おはなし会をするときアニマシオンをやる

　④作家を招いて講演会をやる機会に「作家との出会い」のアニマシオンをする

　⑤図書館まつりのプログラムに取り入れる

　そのためには、図書館の内外に、ともにアニマシオンを開発し、実践し、交流し合える仲間がいると心強いです。

　筆者が所属する「かごしまアニマシオン倶楽部」では、2005年より東京のアニマシオンクラブから岩辺泰吏・笠井英彦のおふたりの講師を迎え、年に1度セミナーを実施してきました。県内全部の小中学校と公共図書館に案内を出すので、教師、学校司書、公共図書館司書、読書ボランティアなど参加者は多彩です。1日目は、講演・ワークショップ、2日目は、子どもと一緒のアニマシオンです。毎年、楽しみにしてくれる子どももいて、「次のアニマシオンはいつですか？」と質問が出ることもあります。

　2011年度から、自分たちで学び合う場をつくろうと、年に3回、県内各地の図書館を会場に例会をもっています。

アニメーターを務める岩辺泰吏さんと参加者

2015年夏のセミナーでは、「なぞときブックトーク　図書館発見」のワークショップがありました。参加したある小学校司書は、2学期の始業式で、全校児童を対象とした読書に親しむための講話を依頼され、セミナーをヒントにブックトークをしたそうです。タイトルは、「犬がたくさん　あんなところにも犬！こんなところにも犬！」。「あのね、学校の図書館を開けたら、10匹の犬が走り回っていたの」と話し始め、「犬たちがいたのは、図書館の本の中だったのです」と、「十進分類表」のパネルを取り出し、0は「総記（そうき）」と説明したとのこと。「この棚の『ポプラディア1巻』から犬がとび出してきたのよ」。1類は『ギリシア神話』に「シリウス」という「犬」、2類は『年代早覚え日本史まんが年表』にいた「犬」、3類は『ぼくは、チューズデー　介助犬チューズデーのいちにち』…最後の9類は『アバラーのぼうけん』。「ほらね、図書館のいろんな棚に犬がいるでしょ。友だちになってくださいね」というもの。みごとな図書館と読書へのいざないになっています。

　これを学校図書館の中でやるとすると、子どもたちのチームごとに犬の出てくる本を探してきてもらい、他のチームに対して「この犬は、どこの棚にいたでしょうか？」とクイズを出し合うこともできます。もちろん、公共図書館でも行えそうです。

　アニマシオンをやってみて、子どもたちの笑顔に出会えたら、やみつきになります。図書館でのアニマシオンは、多くの子どもたちに本の楽しさを伝え、確実に読書への苦手意識を取り除く力となっているのです。

● 注
★　詳しくは、第Ⅳ部「ガイド 読書のアニマシオンがわかる本」参照。
1　勝沼町時代の勝沼図書館のキャラクターが亀のかむかむくんだったので、英語のcome comeとかけて「カムカムクラブ」となった。
2　スペイン語でアニマシオンの実践者。アニメーター（英語）、アニマトゥール（フランス語）、アニマトーレ（イタリア語）。
3　「まーの」はイタリア語で「手」。手と手を合わせて.絵本を楽しむ仲間が広がっていくことをイメージしている。「まーの・あ・まーの」で、手をつないで少しずつ成長していきたいという願いが込められている。

C ブックリスト

『へんしんトンネル』あきやまただし作・絵　金の星社　2002年

『ぶたのたね』佐々木マキ　絵本館　1989年

『うらしまたろう』(紙芝居昔話第1集) 奈街三郎 文　工藤市郎 画　教育画劇
　1988年

『新訂版 総合百科事典 ポプラディア』全12巻　秋山 仁他 監修　ポプラ社
　2011年

『ギリシア神話』石井桃子 編・訳　富山妙子 画　のら書店　2000年

『年代早覚え 日本史まんが年表』田代脩　学研教育出版　2013年

『ぼくは、チューズデー　介助犬チューズデーのいちにち』ルイス・カルロス・
　モンタルバン 作　ブレット・ウィッター 共著　ダン・ディオン 写真　おびかゆ
　うこ 訳 ほるぷ出版　2015年

『アバラーのぼうけん』ベバリイ・クリアリー 作　松岡享子 訳　ルイス・ダー
　リング 絵　学研プラス　2008年

憩い・語らい・学びをつくる
地域の中の図書館

鹿児島・指宿市立山川図書館館長
久川文乃

1 ● 小学校司書から指定管理図書館運営へ

　私が司書という仕事を始めて、19年になります。最初に勤務したのは、小学校の学校図書館でした。毎日、子どもたちが図書館にやってきては、「先生、なんかおもしろい本紹介して」「先生、あのね…」と本の相談だけでなく、いろんな話をし、いろんな経験をさせてもらいました。私の司書としての根っこの部分は、このときにつくられたのかもしれません。子どもたちと過ごせたことは、私にとって、とても幸せな時間でした。

　これからも、学校図書館でがんばっていこうと思っていた私に大きな転機が訪れたのは、小学校に勤務して9年目のことでした。私が住んでいる指宿市が、指宿図書館、山川図書館を指定管理者に委託することが決まったのです。その頃私は、指宿市立図書館のボランティアとして活動していました。ボランティアの仲間と特定非営利活動法人「本と人とをつなぐ『そらまめの会』」を立ち上げ、図書館の指定管理者に名乗りをあげました。自分たちの町の図書館を自分たちで、という思いでした。それから9年間、私たちは指定管理者として公共図書館の管理・運営を行ってきました。この9年間の活動をいくつか紹介したいと思います。

2 ● 図書館でサツマイモを育てよう!

「図書館でサツマイモを育てています」と聞いて、みなさんはどう思われますか? 多くの人は「え‼ なんで図書館なのにサツマイモを育てているの?」「変わった図書館」と思われるでしょうね。そんな少し変わった活動をしているのが私の勤務している、鹿児島県指宿市立山川図書館です。

なぜ、図書館でサツマイモ?

　ある日、私は地域の集まりに参加していました。そこでの雑談で「図書館はなにかやりたいことはないの?」と地域の方に聞かれました。私は「図書館でサツマイモが育てたいんです」と答えました。たぶん大半の方は、「図書館でサツマイモ? そんなの何の意味があるの?」と言われるかもしれませんが、その方の答えは違いました。「図書館でサツマイモ、それはおもしろいね! すぐにできるよ」と言ってくださったのです。山川図書館では、以前、図書館の小さな花壇にサツマイモの苗を数本植えて、子どもたちと収穫して食べた経験があったのです。収穫はそれほど多くありませんでしたが、来館していた子どもたちとサツマイモを掘り、ふかしイモにして食べたのがとても楽しかったのです。もう一度そのような活動ができればと思い、話をしました。これが2014年2月でした。

　それから2か月後の4月、突然JAいぶすきから電話がありました。「サツマイモの件でお話したいのですが…」ということでした。なんのことだろうと思い話をしていたら、どうやら「図書館にサツマイモを植えたいんです」と話した相手はJAの職員の方だったのです。JAには地域貢献という事業があり、そのなかで、図書館でサツマイモ畑を作りましょうという話になったのです。それからすぐに打ち合わせをして、サツマイモ畑ができることになりました。

　ただ、私の計画と大きく違ったことがありました。それは、私が思っていた10倍以上の畑でサツマイモを育てることになったことです。当初、図書館入口

サツマイモの苗を植える前に、
ギャラリートーク

子どももおとなも一緒にイモ掘り

の小さな花壇でサツマイモを栽培したいと相談したところ、日当たりの面から
その花壇ではなく、空き地になっている場所を新しく畑に作ったほうがよいと
いうことになりました。これは、ほんとうにうれしい誤算でした。空き地が耕
され、畝が立てられ、りっぱな畑ができました。

イモ植え・収穫をイベントに

　図書館の職員がイモを育てるのではなく、イモ植え体験をイベントにするこ
とを考えました。チラシを配布し、参加を呼びかけました。結果、十数名の参
加がありました。サツマイモの本の紹介をし、ギャラリートークでサツマイモ
の話をしてもらい、サツマイモの紙芝居をして（はじめて琉球からサツマイモの
苗を持ち帰ったのは、指宿の山川地域の前田利右衛門といわれており、その紙芝居
を演じました）、実際にイモを植える体験に結び付けました。知識として学んだ
ことを実際に体験する参加型のイベントにしたのです。

　苗を植え、水をやり、草取りをしていると、サツマイモはすくすくと成長し
収穫の時期を迎えました。みなさんにお知らせしてサツマイモ収穫祭を開催す
ることにしました。事前申し込み制ではなく、その日参加できる方はどなたで
もどうぞ、ということにしました。すると、70名以上の参加者が集まったので
す。子どもからおとなまで幅広い年代の人が集まりました。

　収穫祭のときにも、サツマイモについてのギャラリートーク、イモの本の紹

介（栽培・料理など）、イモをテーマにしたおはなし会も行い、その後、大きく育ったサツマイモの収穫を行いました。収穫後は、サツマイモを使った料理をいただきました。このとき、サツマイモの料理をしてくださったのはボランティアの方たちでした。図書館の玄関にブルーシートを広げその上にみんな座り「いただきます」のあいさつでサツマイモ料理（スイートポテト・ふかしいも・イモの天ぷら）に舌鼓。

そのようすを見ていて、「あぁ〜、私はここの図書館で働くことができてほんとうに幸せだ！　図書館は、本を借りるだけの場所ではない。こうやって人と人が出会いつながる場所になるんだ」と改めて感じました。図書館があっても、そこを利用してもらえなければ図書館本来の機能を果たすことはできません。

3 ● 図書館で自然科学の世界を楽しもう

読書というと、どうしても文学作品を読むことと考えがちですが、図書館の本のなかで文学作品はほんの一部で、その他は図鑑、歴史書、料理本など知識の本がほとんどです。そう考えると図書館での活動というものは大きく広がります。ここでは、図書館で実施した自然科学イベントを紹介したいと思います。

ツマベニチョウプロジェクト

「またなぜチョウチョ？」と思われる方もいるでしょう。

これにもちゃんとした理由があるのです。指宿市の市のチョウが白地にオレンジの美しいツマベニチョウなのです。私が子どもの頃は、学校にツマベニハウスというのがあり、そこにツマベニチョウの食べる魚木が植えられ、ツマベニチョウが飼育されていました。そのツマベニチョウも、最近は以前と比べると数が減ったのでは？という声を聞くことが多いのです。

そこで、2015年度の図書館講座で、ツマベニチョウを取り上げることにしました。「よみがえれ！　ツマベニチョウプロジェクト」と題してツマベニチョウの生態などを知ってもらうという企画です。昆虫好きの子どもたちが集まる

かと思っていましたが、子どもからおとなまで幅広い年代の参加がありました。座学だけではなく、魚木とツマベニチョウの幼虫を会場に持ち込んで、参加者がツマベニチョウの幼虫を観察し、講座終了後にはそれぞれ魚木とツマベニチョウの幼虫を持ち帰りました。

　座学で学んで終わりではなく、学んだことを実際に体験する活動にしたのです。その後、持ち帰った幼虫が、サナギになり、チョウになり飛び立ちましたという報告を数件受けました。

セミの羽化観察会

　指宿図書館で毎月1回、夜のおはなし会を開催しています。昼間のおはなし会に参加が難しい人たちに参加してもらいたいと始めたものです。通常のおはなし会とともに、自然科学を取り入れたおはなし会を開催しています。例えば、宇宙をテーマにしたおはなし会に参加した後に、野外に出て天体望遠鏡を使って星空観察会をするというものです。

　毎年7月、セミの羽化観察会＆おはなし会を実施しています。2015年で9年目になりました。セミに関するおはなし会を実施した後、実際にセミの羽化観察会を行うのです。おはなし会では、百科事典や、昆虫図鑑を使ってセミについて調べ、さらに実物のセミの抜け殻を使って種類の見分け方や、オス・メスの見分け方を子どもたちにレクチャーします。

　9年間やっていると、さまざまな出来事がありました。毎年、このセミの羽化観察会でしか会わない男の子がいました。お別れのときには「また、来年会おうね」と約束するのです。そしてまた、次の夏に会う。他にも、白衣姿でセミの話をする私を見てセミの研究者だと思われ、「日頃はどちらで研究していらっしゃるんですか」とたずねられたこともありました。

　身近にある自然ではあるけれど、意識しないとなかなか気づかない部分に目を向けることができます。セミの羽化の瞬間は、何度見ても感動します。

4 ● 図書館の広がり、語らいの場を図書館に

　図書館では、その時々でさまざまな活動を行っています。いくつか活動を紹介します。

【ぬいぐるみおとまり会】お気に入りのぬいぐるみを図書館にお泊まりさせます。お迎えの際には、図書館で過ごしたぬいぐるみの写真と、ぬいぐるみが選んだ本を子どもたちに渡します。

【IBUDOKU（いぶすき読書会）】月1回開催しています。おすすめの本をそれぞれ持ち寄り、1分半で本の紹介をし、その後4分間フリートークをします。新しい本との出会いの場となっています。

【ハーブティー講座】香りの歴史から学び、実際にどのようにハーブティーを入れたらいいのかを学ぶ体験型の講座を開催しました。小さいですが、山川図書館にはハーブ園があります。

【哲学カフェ】2014年から、山川図書館を会場にして2か月に1回開催しています。テーマを決め、対話を楽しんでいます。いくつかの約束をして会をすすめています。

● **おやくそく**

・発言してもしなくても自由です。

・発言するときは、自分の思うことを、自分の言葉で簡潔に話しましょう。

・他の人の発言をしっかりと聴いてから、次の発言をしましょう。

・わからないと思ったら、その場で、素直にききましょう。

第7回 指宿哲学 Café
いぶすき てつがく かふぇ

コーヒー片手に対話はいかがですか？

哲学カフェとは、あるテーマについて参加者が自由に語り合うトークサロンイベントです。
「哲学」という言葉がついてはいるものの、哲学の知識は必要ではなく、普段じっくり考える機会のないテーマについて深く考えながら対話を積み重ねていくものです。

日時：8月30日（日曜日）
18時30分～　90分間
会場には18時よりお入りいただけます

場所：山川図書館 2F

参加費 ￥100 （ドリンク付）
マイカップ持参のご協力をお願いします

テーマ　生きる「意味」

◆ おやくそく
・発言してもしなくても自由です。
・発言するときは、自分の思うことを、自分の言葉で簡潔に話しましょう。
・他の人の発言をしっかりと聴いてから、次の発言をしましょう。
・わからないと思ったら、その場で、素直にききましょう。
（京都、ビジネス等の勧誘目的内の参加はご遠慮下さい。）

◆ これまでにみんなで考えたテーマ
「哲学ってなんで？」 「郷土愛について」 「ともだち100人必要ですか？」
「集団的自衛権」 「モテる人ってどんな人？」 「ふつうってなに？」
主催：指宿哲学カフェ

5 ● 図書館だからこそやれる司書いちばんの仕事

　2012年3月、アニマシオンクラブ研修でフランスに行きました。それは、司書としての私の考え方に大きく影響を与えるものとなりました。フランスの図書館で紹介された事例は、どれも刺激的なものでした。なかでも、マッシー市立エレーヌ・ウドゥ図書館で見学したアトリエつきアニマシオンは、とてもとてもおもしろい取り組みでした[1]。

　本の紹介をして終わりではなく、そこから制作活動を行い、そのなかで新しい本との出会いの場をつくるのです。自ら発見し、自ら学ぶ楽しさを知る。そして、それらの活動が本と結びついていくのです。図書館の本をどのように利用者に手渡すのか、関心をもってもらうのかは、司書にとっていちばんの仕事と言ってもいいでしょう。それをこんなに楽しくやれるなんて…と思ったのです。

　図書館学の父と呼ばれるランガナタンは、『図書館学の五法則』[2]のなかで、「図書館は成長する有機体である」と言っています。図書館の中に命を吹き込み生き生きとした活動をこれからも続けていきたいと思います。

Ｃ ● ブックリスト

手づくり紙芝居『前田利右衛門物語 おいもとりえもんどん』山川図書館所収

● 注

1 　『フランスの公共図書館 60のアニマシオン』、詳細は、第Ⅳ部「ガイド 読書のアニマシオンがわかる本」参照。
2 　ランガナタン（1892 − 1972年）は、インドの図書館学の父と呼ばれ、コロン分類法の創始者として世界的に著名な学者。
　『図書館学の五法則』（The Five Laws of Library Science）は、1932年に発表された。
　　　①図書は利用するためのものである
　　　②いずれの読者にもすべて、その人の図書を
　　　③いずれの図書にもすべて、その読者を
　　　④図書館利用者の時間を節約せよ
　　　⑤図書館は成長する有機体である
　『図書館の五法則』（森耕一監訳　日本図書館協会　1981年）より

ひらかれた図書館
市民とのパートナーシップ

徳島市立図書館副館長
廣澤貴理子

1 ● 徳島市立図書館おはなし会でのアニマシオン

　2012年4月、徳島市立図書館は徳島駅前の商業ビルの5階と6階に移転し、「人と文化が出会う駅前図書館」としてリニューアルオープンしました。館内には植栽が十分に施され、6階には開放的なテラスも設置し、市民の憩いの場所として多くの人が訪れてくださいます。

　こども室では毎日、午前と午後の2回、30分間のおはなし会を行っています。

　そして、ボランティアとスタッフの協働による多種多様なプログラムのなかでは、毎月第1・第3月曜日を「読書のアニマシオン」として、私が担当しています。このプログラムに参加する子どもたちの年齢層は、入園前の1〜3歳が中心ですが、幼稚園や保育園、小学校低学年が図書館見学の際に参加する場合もあります。つまり、毎回、違う年齢と人数の構成で行っています。

　入園前の子どもたちを対象としたアニマシオンは、参加型で行います。まず、絵本を読みながら、お母さんと子どものスキンシップをしたり、声を出したりすることから始めます。動作を加えると心身ともにほぐれ、お母さんとふれあうことで子どもたちが安心するからです。時には、絵本に出てくる生き物の絵を描いたカードを配ることもあります。この場合、手持ちのカードの生き物が

お話に登場したら子どもたちにカードを上げてもらったり、並べてもらったりしています。はにかんだようすからしだいにアニマシオンに没頭し、表情も豊かになります。また、紙芝居『まんまるまんま たんたかたん』では、「まんまるまんま、たんたかたん」と一緒に声を出して手をたたきます。少し工夫を加えるだけで子どもたちは活気づき、笑顔が弾けてきます。

　あるとき、幼稚園に上がる前の孫を連れて参加した女性が、「廣澤さんのおはなし会は、毎回、子どもの気持ちを本に向ける工夫をしてくださっているから、とても楽しい。うちの孫も毎回楽しみにしていますよ」と声をかけてくださいました。また、3歳くらいの男の子のお母さんは「うちの子どもは人見知りで、大勢のなかだと、なかなかうち解けることができないのですが、このおはなし会に来ると、いつも子どもが楽しく動き、すっと自然に輪の中に入っていきます。こんな子どもの姿を見て、私もうれしいです。きょうも、お手々で本を開くジェスチャーをして、図書館に行く？と声かけると、うん、行くと笑顔を向けてくれました」と言ってくださいました。

　たいへんうれしいことにこの親子はアニマシオンの時間に図書館へ来ることが心の拠り所になっているのです。絵本を通してかけがえのない子育ての時間を楽しんでいることが伝わってきます。

　30分という短い時間ですが、楽しいひとときを一緒に過ごしてもらいたいと思います。その場を豊かに創造していくには、アニメーター自身の人間力が浮き彫りになってきます。私は子どもたちの心に一粒の種を蒔く人でありたいと思います。そのために置かれているところで、できるところからできることをコツコツとやっていこうと思います。小さな積み重ねは、かけがえのない財産になります。ひとりでも多くの子どもたちに本の楽しさを届けるために今、置かれているところで自分も楽しみながら続ける、これに尽きると思います。

2 ● 市民とのパートナーシップによるアニマシオン

　徳島市立図書館ではさまざまな関係機関や団体、市民の方とパートナーシッ

プを組み、多様なアニマシオンを行っています。その一部を紹介します。

地元サッカーチーム・徳島ヴォルティスの選手とアニマシオン

　地元、徳島が誇るサッカーチーム徳島ヴォルティスと連携しています。以前から館内には徳島ヴォルティスコーナーを設置して、試合の情報や選手のユニフォームとともに、おすすめの本のリストを展示していましたが、2013年に選手が来館して子どもたちに絵本の読み聞かせをするという計画が実現しました。当館がぜひ、アニマシオンを一緒にと提案し、快く承諾を得られたのです。

　同年９月、２名の選手が来館し、『すてきなあまやどり』と、選手２人でかけ合いながら、『仔牛の春』を読み聞かせしてもらいました。

　『すてきなあまやどり』は、登場する動物のカードを子どもたちが持って、カードに描かれている動物がお話のなかに出てきたときに、あまやどりしている大きな木の下に集まるという参加型のアニマシオンです。1人の選手が絵本を読み聞かせ、もう１人が大きな木の役という設定で、さわやかな風と暖かな日差しを感じられるテラスで行いました。

　参加した子どもたちは50人ほど。プロのサッカー選手と会える、しかも大好きな選手から絵本を読んでもらえると、みんな、わくわくウキウキとした表情です。絵本に集中して耳をすまして聞き、自分が持っているカードの動物がお話に出てくると、大きな木の役の選手の近くに照れた表情で寄り添うなど、喜びを身体全体で

ヴォルティス2選手が朗読

子どもら絵本に親しむ

（徳島市立図書館）

絵本を朗読する徳島ヴォルティスの青山選手⑤と、福元選手と一緒に動物を演じる子どもら（奥）＝徳島市立図書館

　サッカーJ2・徳島ヴォルティスの選手による読み聞かせイベントが今日、徳島市立図書館であり、ヴォルティスファンの子どもら保護者の約50人が絵本の世界を楽しんだ。

　DFの青山隼平選手（25）と、福元洋平選手（26）が絵本3冊を朗読した。「すてきなあまやどり」では、遊びを通して本に親しむ「アニマシオン」という手法を用い子どもたちが本の世界を体験。青山選手が読み進めるストーリーに登場した動物を、福元選手と一緒に演じる動物役を楽しそうに演じた。

　サッカー少年が主人公の絵本もあり、子どもたちは興味深そうに聞き入っていた。

　北島南小1年の猪俣凜希君（6）は「間伐りする大木の役をした福元選手は大きくて格好良かった。木やオルティスがますます好きになった」と話していた。

　徳島ヴォルティスと連携し、本に関心を持ってもらう図書館は2015年から、徳島ヴォルティスと連携し、本に関心を持ってもらうイベントを開いている。

（矢利部）

徳島新聞（朝刊）　2013年9月24日付

表現している子どもたちの姿が印象的でした。最後は大きな木の下に参加者が全員集合して記念撮影。このようすは徳島新聞に掲載され、参加者にとって特別な1日となりました。

中国語でアニマシオン

中国語の講師・佐藤有美さんとパートナーを組み、中国語と中国の伝統文化にふれあうアニマシオンを行いました。

まず、地図絵本を使って中国について簡単なクイズを出して、答えてもらいます。次に先生に中国語で数字の発声のレクチャーを受け、一緒に発声。子どもたちはすぐ、じょうずに中国語を発声しました。その後、数字を書いたカードを使って数字当てゲームをしました。次に、季節に合わせた絵本を読み聞かせをしました。2月の「春節」には、中国でのお正月の過ごし方や習わしを詳しくお話してもらいました。最後に絵本や紙芝居を、私が日本語、先生が中国語とコラボレーションで読み聞かせをしました。

参加者のなかには以前中国に住んでいた、または、これから中国へ旅行に行くという親子がいらして、タイムリーなイベントだと喜んでくださいました。また、会場に展示していた中国民話の本を「これ、借りてもいい?」と借りていく子どももいるなど、中国に関心をもってくれたようでした。

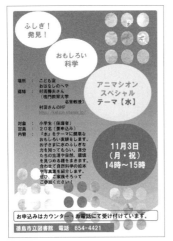

科学マジックでアニマシオン

科学分野が専門の村田勝夫さん（鳴門教育大学名誉教授）とパートナーを組み、生活に欠かせない「水」をテーマに簡単な実験とアニマシオンのコラボレーションを行いました。先生には白衣を着用していただき、さながら実験研究室の雰囲気を演出しました。

まず、先生は水が人間の生活や人体にどれ

村田勝夫先生の実験に見入る子どもたち

ほど大切なのかを説明。次に水を張った洗面器で棒磁石やつま楊枝、1円硬貨を浮かべるなど、いろいろな実験を組み込んでみました。不思議な現象に子どもたちは釘づけになっていました。実験後には会場に展示している「水」に関する自然科学の本や絵本のなかから、写真絵本の読み聞かせと簡単なクイズを行いました。リアルな実験を観察した後、ふだんは手に取ることのない自然科学の本との出会いに、知的好奇心をくすぐられたようです。6歳の男の子は帰宅後、お風呂でこの実験を自分でも試したそうです。「すごかったです」と大きな字で感想を書いてくれました。

2015年3月、私はフランスのアニマシオン研修に参加しました。『フランスの公共図書館60のアニマシオン』の著者、アラミシェルさんのアトリエを訪ねた際には「水」に関するアニマシオンの説明を聞きました。水面につま楊枝を浮かべた実験で水の浮力について話した後、アラミシェルさんは科学者の伝記や本に結びつけていました。切り口と工夫しだいで多角的に関心を誘うことを学び、2016年3月、「エネルギー」をテーマにした実験とイギリスの化学者マイケル・ファラデーの紙芝居を手づくりしてアニマシオンを行いました。

3 ● 笑顔の花が咲くように広がれ、アニマシオン！

　私は 12 年前、鹿児島の小さな小学校の図書館に勤務していたときに、アニマシオンと出会いました。学校図書館活動の中心をアニマシオンに置き、さまざまなチャレンジをするたびに子どもたちが生き生きとする姿を目の当たりにしました。しかし、徳島へ移住して、アニマシオン活動はまったくゼロからの再スタートとなりました。まず周囲の理解を得るところからでしたが、館内外における周囲の多くの方々のサポートと理解、協力があって、今につながっていると感謝の気持ちでいっぱいです。

　今では、アニマシオンを通して小さなコミュニティが生まれつつあります。終わった後、「こんな本もあるのですね」とお母さんが声をかけてくれます。子どもたちは「絵本を読んでもらったのがうれしかった」と笑顔で言ってくれます。心が通い合い、喜んでくれることが何より励みになります。

　たんぽぽの綿毛は風に吹かれて着地して根を張り、芽を出し、きれいな花を咲かせます。これからも、アニマシオン活動がたんぽぽの綿毛のように風に乗って、全国の子どもたちのもとに届き、笑顔の花が咲くように広がってほしいと思います。

●注
1　「アニマシオンによる科学マジックと絵本の読み聞かせの試み」村田勝夫・廣澤貴理子 共著『徳島大学大学開放実践センター紀要 第 24 巻』徳島大学大学開放実践センター　2015 年
2　詳しくは、第Ⅳ部「ガイド 読書のアニマシオンがわかる本」参照。

C ブックリスト

紙芝居『まんまるまんま たんたかたん』荒木文子 脚本 久住卓也 絵 童心社 2007 年
『すてきなあまやどり』バレリー・ゴルバチョフ作・絵 なかがわちひろ訳 徳間書店 2003 年
『仔牛の春』五味太郎 作 偕成社　1999 年

学校司書と教師の連携で
アニマシオン

鹿児島市立学校学校司書
前原華子

1 ● アニマシオン実践のチャンスを求めて

　小さいころからの夢だった小学校の司書になって、すでに 11 年目です。アニマシオンという本の楽しみ方に出会ったのは、学生時代のことです。当時は、スペインのモンセラット・サルトさんが始めたもので、子どもと本を結びつけるたくさんの作戦があると理解していました。しかし、具体的にはどうすればいいのか見当がつきませんでした。

　あこがれの仕事に就いてまもなく、東京からやってきてくださった岩辺泰吏先生のセミナーに参加しました。こんなに楽しいアニマシオンを学校の図書館で子どもたちと一緒にやってみたいなと思ってはいたのですが、なかなかチャンスはめぐってきませんでした。学校司書である私から、「アニマシオンをやってみたいので、時間をください」と、担任教師たちに言い出せない状況が続いていました。

　そのうち、担任の出張のため自習時間ができて、「図書館でなにかやってもらえませんか」と頼まれると、チャンスとばかりに「あの、実は、アニマシオンというものをやってみたいのですが、よろしいでしょうか」とおそるおそる計画書をお渡しして頼んでみました。「アニマシオンってよくわからないけど、

学校図書館でアニマシオンを実践

任せます。やってくださ
い」と許可いただけたら
チャンス到来。はじめて
子どもたちの前でやっ
たのは、『車のいろは空
のいろ』（あまんきみこ 作
北田卓史 絵 ポプラ社）を
使った「私はだれでしょ
う」というアニマシオン
の手法。4年生の子ども
たちと楽しみました。そ

のときの子どもたちの反応が忘れがたく、次なる実践の機会を期待して、本を
そろえ、作戦を練り、準備を続けてきました。

2 ● アニマシオン年間計画づくり

　あるとき、担任の出張中に行ったアニマシオンが楽しかったと日記に書いて
伝えてくれる子どもたちがいたのです。関心をもたれた3年生の担任が「次年
度（2013年度）、年間を通してアニマシオンをやってみましょう」という提案
をもってこられたのです。改めて、じっくりと教育課程を研究し、担任とも相
談しながら計画をつくりました。テーマは、「できるだけいろいろな分野の本を
紹介しよう！ 自分のお気に入りの本をみつけてもらおう！」です。アニマシオ
ンの手法は、かごしまアニマシオン倶楽部や読書のアニマシオンセミナーで学
んだことを自分なりにアレンジしたものです。

　でも、さすがに月1回の計画は難しく、実際できたのは、5月・6月・9月・
10月・1月の計5回でした。

　2015年度に取り組んでいる2年生のアニマシオンは、3年生の反省をもとに
学期2回、3学期のみ1回での計画です。

2013年度3年生のアニマシオン計画

学期 月	単元	アニマシオン
	内容・使った本	
1学期	イルカのねむり方・ありの行列（国語） チョウを育てよう（理科）	自然科学の本に興味をもとう!!
5月	だるまさんのどこかを推理します。 5つの動物の中から同じ部位を探します。 何の動物かを推理します。 『だるまさんが』かがくいひろし作　ブロンズ新社 「どうぶつのからだ」シリーズ6巻　増井光子監修　偕成社	
6月	気になる記号（国語）	この記号は何の記号？ 私は何でしょう。
	「私はだれでしょう？」の記号バージョンです。 『最新 記号の図鑑1　公共施設と交通安全の記号』村越愛策監修　あかね書房 『記号の図鑑4　交通の記号』江川 清　太田幸夫編著　あかね書房 『さがしてみよう！　マークのえほん』ぼここうぼうえ 学研プラス	
7月	本はともだち（国語）	お話？論理脳!!!
	10のヒントを元に本の並べ替えを行います。 『にんきもののひけつ』森 絵都 文 武田美穂 絵 童心社 『ごきげんなすてご』いとうひろしさく　徳間書店 『おかあさん、げんきですか。』後藤竜二作　武田美穂絵　ポプラ社 『ふしぎなともだち』サイモン・ジェームズさく　小川仁央やく　評論社 『どんなかんじかなぁ』中山千夏ぶん　和田 誠え　自由国民社	
2学期 9月	詩を楽しもう（国語）	作者をさがせ!! のはらうたの作者をさがそう
	自分たちのグループのキャラクターは、どの詩の作者かを推理します。 『のはらうた』くどうなおこ作　童話屋 『版画 のはらうた』 くどうなおこ詩　ほてはまたかし画　童話屋	
10月	ちいちゃんのかげおくり（国語）	へいわってどんなこと？
	『へいわってどんなこと？』をもとに自分にとっての平和を考えます。 『へいわってどんなこと？』浜田桂子　童心社	
12月	さんねん峠（国語）	さんねん峠を楽しもう
	挿絵と文の並べ替えを楽しみます。 『さんねん峠』李錦玉 作　朴民宜 絵　岩崎書店	
1月	古い道具と昔のくらし（社会）	私は何に使うでしょう？ 進化への道
	自分たちのグループの封筒に入っている写真は、どんなものでどんな進化をとげているのかを推理します。 『昔の道具』工藤員功監修　ポプラ社 『昔のくらしの道具事典』小林克監修　岩崎書店	

169

3学期 2月	モチモチの木（国語）	ブックトーク
	斉藤隆介の本をブックトークで紹介します。	
3月	物語を読んで紹介しよう	ビブリオ・バトル

2015年度　2年生のアニマシオン計画

学期 月	単元	アニマシオン
	内容・使った本	
1学期 5月	おいしくそだて わたしの野さい（生活）	このお野菜なーんだ
	それぞれのグループで野菜に対する3つのヒントを出します。 3つ目のヒントでわかるように工夫します。 『野菜づくり大図鑑』藤田 智著・編　講談社 『総合百科事典ポプラディア』ポプラ社	
6月	スイミー（国語）	ほんのおとしもの
	レオ・レオニの本から落し物と場面の紹介をします。本の題名を推理します。 レオ・レオニ作 谷川俊太郎訳 『アレクサンダとぜんまいねずみ』『コーネリアス』『さかなはさかな』好学社 『どうするティリー？』『ニコラス どこにいってたの？』あすなろ書房	
2学期 9月	おおきくなあれ（国語）	詩をたのしもう！
	阪田寛夫さんの詩を使って自分たちだけの詩をつくります。 『ほんとこうた　へんてこうた』 阪田寛夫詩 織茂恭子画　水内喜久雄編　大日本図書	
11月	校内読書月間	ブックトーク
	おすすめの本やあたらしい本をブックトークで紹介します。	
3学期 2月	スーホの白い馬（国語）	わたしはだれでしょう？
	『スーホの白い馬』の登場人物で「わたしはだれでしょう？」をします。 『スーホの白い馬』大塚勇三再話 赤羽末吉画　福音館書店	

「アニマシオンは、もっと広い意味があり図書館で行われているすべてがアニマシオンなんだよ」「借金してでもいってらっしゃい」と背中を押されてとび込んだ2015年3月、5日間のフランスアニマシオン研修。お腹いっぱいたくさんもらったおみやげを子どもたちとどうやって楽しもうかと、またひそかに計画を練ろうと思います。

年間計画 ＋
ブックガイド

年間計画をもとう
いつでもどこでもアニマシオン

上段＝第Ⅱ部もくじ番号とタイトル
下段＝アニマシオンの趣旨

	1期	2期	3期
小学校低学年	6●図書館で春をさがそう	8●どんなタネからどんな野菜が？	7●オオカミがにげた！
	春の本でアニマシオン	知識の本でアニマシオン	図書館探検のアニマシオン①
中学年	5●どの本、読もうかな？	9●十二支はどんな文字？	26●ファンタジーの創造
	本をならべてアニマシオン	漢字の語源でアニマシオン	ジャンニ・ロダーリでファンタジー入門
	1●これ、だれのもの？　2●わたしは、だれでしょう　3●クイズで たたかおう 4●新しいタイトルをつけよう		
	スーザン・バーレー『わすれられないおくりもの』を探偵する		
高学年	12●ばらばらになった紙芝居	18●にじんだ文章は何か？	21●本を届ける現地リポーターにになろう
	『セロ弾きのゴーシュ』でアニマシオン	星新一「ユキコちゃんのしかえし」でアニマシオン	『図書館ラクダがやってくる』でアニマシオン
	15●ねじれても結んで俳句探偵団	23●きみも芸術家	27●私のエッセイを書こう
	俳句でアニマシオン	マティスでアニマシオン	エッセイのアニマシオン
	16●こぼれた物語	24●編集者になろう	13●ブックトークをつくろう！
	『もぐらのバイオリン』でアニマシオン	立松和平「いのち」シリーズでアニマシオン	テーマで本をつなぐアニマシオン
	30●はじめの一歩の読書会	11●絵本で食べよう！	
	読書会のアニマシオン	特別支援学級のアニマシオン	

	1期	2期	3期
中学生〜おとな	14● でるでる、詩がでる	17●きみたちが作家なら	19●小さな種がつなぐ人々の輪
	詩のアニマシオン	『ヤクーバとライオン』でアニマシオン	ポール・フライシュマン『種をまく人』でアニマシオン
	10●お話 み・つ・け・た！	29●さがしています	20●詩人と出あう
	安野光雅『旅の絵本』でアニマシオン	アーサー・ビナード『さがしています』でアニマシオン	詩でアニマシオン
	22●マンガ『銀の匙』で考える「食」	28●なぞときブックトーク	25●きょうはきみが映画監督
	畜産との出会い	図書館探検のアニマシオン②	『博士の愛した数式』でアニマシオン

★ここでは、第Ⅱ部の30のアニマシオンを配分してみましたが、本や資料を替えることによって、さまざまな学年で行うことができます。
また、アニマシオンクラブ編著『ぼくらは物語探偵団』『はじめてのアニマシオン』(第Ⅳ部「ガイド 読書のアニマシオンがわかる本」参照)には、小学校低・中学年などのアニマシオンを紹介していますので、参考にしてください。

（**大谷清美・津金由美**）

173

読書●のアニマシオンがわかる本 ★品切れの場合は、図書館などでご覧ください

読書で遊ぼうアニマシオン 本が大好きになる25のゲーム

著者●モンセラット・サルト
訳者●佐藤美智代
　　　青柳啓子
柏書房　1997年
本体1800円

スペインのモンセラット・サルト氏が提唱した読書指導法の本で、アニマシオンの具体的な手法を述べた文献としては、はじめての日本語訳です。子どもたちが遊びながら本を読み、「理解し、楽しみ、深く考える」(M・サルト)ことを目的としています。アニメーターの役割やグループの作り方をはじめ、「ダウトをさがせ」「これ、だれのもの?」など基本的な25の読書ゲームを紹介しています。この読書ゲームに基づく実践レポートや参考図書リストも載っていて、すぐ使える手引き書としても優れています。ゲーム名やイラストも親しみやすく、はじめてアニマシオンをやってみようという人に最適です。

読書へのアニマシオン 75の作戦

著者●M・M・サルト
訳者●宇野和美
監修●カルメン・オンドサバル
　　　新田恵子
柏書房　2001年
本体2800円

M・サルト氏が試行錯誤を重ねて編み出した読書指導の手法を紹介している本で、上記『25のゲーム』の発展編です。子どもたちが潜在的にもっている読書力を伸ばし、読むことの大切さと楽しさを発見させ、主体的な読みへ導くことが目的です。そのために創造的で楽しく知的な遊びを取り入れています。子どもたちの発達年齢に応じて提示された75の作戦について、タイトル・参加者・ねらい・実践方法・所要時間・行ったアニマシオンの分析などを詳しく説明しています。序文にアニマシオンの精神が述べられています。この部分も大事なところなので、ぜひ読むことをおすすめします。

読書教育　フランスの活気ある現場から

著者●辻 由美
みすず書房　2008年
本体2400円

フランスでは読書教育のためにさまざまな取り組み
が行われています。なかでも独創的なのが「高校生ゴ
ンクール賞」で、1988年に1人の国語教師が個人的
に始めたものが、今では伝統あるアカデミー・ゴン
クールをしのぐほどの文学賞になりました。本書で
はこの賞の歴史や選考方法について語られ、特にこ
の選考に参加する高校生のようすがリアルに、感動
的に紹介されています。他にも、子どもが選考に加わ
る「クロノス文学賞」や「アンコリュプティブル賞」、
読書センターと学校が協力して行う「読書アクショ
ン」の説明もあり、フランスの読書教育の深さ・豊か
さが伺えます。

フランスの公共図書館　60のアニマシオン　子どもたちと拓く読書の世界！

著者●ドミニク・アラミシェル
訳者●辻 由美
解説●佐藤涼子
教育史料出版会　2010年
本体2400円

著者アラミシェル氏は現役の公共図書館司書です。
長年、読書のアニマシオンの開発・普及に尽くして
こられました。本書では「読書と文化への誘いの総
称」としてアニマシオンという言葉を使っています。
ここに紹介された60のファイルは、フランスの公共
図書館が発信したもので、物語、詩、音楽、映像、美
術、知識等、幅広い文化活動の実例です。読書に限ら
ないところが特徴的です。百科事典的存在としての
図書館を発見するディスカバー型のものが多く、フ
ランスのアニマシオンの幅の広さを学ぶうえでも見
過ごせません。巻末の解説もアニマシオンについて
の理解を助けます。

ファンタジーの文法　物語創作法入門

著者●ジャンニ・ロダーリ
訳者●窪田富男
ちくま文庫　1990年
本体　800円

著者はイタリアの作家で児童文学者です。本書は物語の作り方を具体的に述べた創作論であり、また子どもの想像力・創造力を引き出し育むための教育論でもあります。たとえば、まったく異質の2つの単語から新しい物語を作る「ファンタジーの二項式」、あるいは1つの単語のスペルから複数の単語を考え出し、それらを関連づけることで物語を作っていくなど、お話作りの方法をたくさん提示しています。そして、何より大切なのは子どもたちの自由な発想であり、創作の過程には「あそび」の要素が含まれているというのが印象的です。この本を読むと、誰もがすぐにお話が作れそうな気がしてきます。

幼児のためのお話のつくり方

著者●ジャンニ・ロダーリ
訳者●窪田富男
作品社　2003年
本体　1500円

おとなが子どもと対話するとは一緒に笑うこと。そして、ちょっとしたお話を作って話してあげること。話の材料は身近にいくらでもあります。たとえば、カップでもスプーンでも、どんな物のなかにもお話は隠されています。それらを素材に想像を膨らませてお話を作る。そういう想像力・創造力は特別な一部の人だけでなく、誰もがみなもっているものです。本書はお父さんとお母さんのための「お話づくり」の方法をまとめたエッセイ集です。最後の「子どもを読書嫌いにする九か条」はどれも的を射ていて納得、しかも愉快。父母、教員、保育士その他子どもと接するすべてのおとなにおすすめです。

ぼくらは物語探偵団　まなび・わくわく・アニマシオン

編著●岩辺泰吏
柏書房　1999年
本体　1800円

タイトルの通り、指導者も子どもたちも1人ひとりが探偵になり、わくわくする心で仲間とともに本を探偵する。いわゆる解釈・座学の読解ではなく、知的な好奇心をもって楽しみながら物語世界を読み解いていきます。そして、参加している子どもたちが読書体験を共有・協同できる。そんな読書ゲームが豊富に紹介されています。

編著者を含めた5人が、全国の教室で実践した物語、詩、俳句、社会科などの広いジャンルの実践記録です。探偵ゲームのすすめ方の説明もていねいで、初心者もそのまま使える実践の手引き書です。

はじめてのアニマシオン　1冊の本が宝島

著者●岩辺泰吏＋
　　まなび探偵団アニ
　　マシオンクラブ
柏書房　2003年
本体　1700円

『ぼくらは物語探偵団』に引き続き、本の世界を楽しむための具体的な手法を述べた本です。小学校低学年から中学生まで広い年齢層を対象にしています。古今東西の物語をはじめ写真集、詩集、俳句、漫画、辞典等を、遊びながら読み深めていく読書ゲームの紹介です。仲間と協同して推理を働かせ、1冊まるごとを楽しむ。そして、その読書体験をさらに学びの全面へ広げようという工夫もしています。「アニマシオンクラブ」のメンバー21人がそれぞれの実践記録をもとに、わかりやすく説明しています。

ワンポイント・アドバイスも入っていて、初心者にもすぐ使える実践用入門書です。

　　　　　　　　　　　　　　　　　　　　（廣畑　環）

アニマシオンにすすめたい本 ★品切れの場合は、図書館などでご覧ください

お話を楽しみ、
本の世界にいざなう

①ステラのえほんさがし

リサ・キャンベル・エルンスト●作　藤原宏之
●訳　童心社　2006年
ステラは図書館から借りた絵本をなくし
てしまう。どのようにしてその本を探し出
すのか。そのヒントがいっぱいの本。

②すてきなあまやどり

バレリー・ゴルバチョフ●作・絵　なかがわち
ひろ●訳　徳間書店　2003年
ぶたくんが雨宿りをしていると、他の動物
たちが次々にやってきて、木の下は動物た
ちでいっぱいになる。

③ちいさな ぽむさん
　　（主婦の友はじめてブックシリーズ）
シルヴィ・ポワレヴェ●ぶん　エリック・バトゥー
●え　谷内こうた●やく　主婦の友社　2008年
音のない村に住んでいるぽむさんは、音を
集める旅に出る。風の音、雷の音、そして笑
い声など、いろいろな音を村にもって帰る。

④ネコのタクシー （福音館創作童話シリーズ）
南部和也●さく　さとうあや●え　福音館
書店　2001年
トムはタクシー運転手ランスさんの飼い
猫。ランスさんが骨折して運転ができなく
なり、トムがタクシーの運転手になる。が、
思いがけない出来事が次々に起こる。この
シリーズには他に『ネコのタクシーアフリ
カに行く』（2004年）、『ネコのドクター小
麦島の冒険』（2008年）がある。

⑤ウェン王子とトラ

チェン・ジャンホン●作・絵　平岡 敦●訳
徳間書店　2007年
わが子を殺されたトラの怒りをしずめる
ために、人質として差し出されたウェン王
子。王子はトラに大事に育てられる。王子
はトラ退治に来た王様の軍隊の前に立ち
はだかり、トラを守るのだった。

⑥ドングリ・ドングラ

コヤマスカン●作　くもん出版　2015年
ドングリたちが、赤い火を噴く島に向かっ
て旅に出る。リスと戦い、冬の山を越え、
海を渡っていくたくさんのドングリたちが
個性豊かに描かれている。

⑦おかあさんの目 （あかね創作えほん）

あまんきみこ●作　くろいけん●絵　あかね書
房　1988年
おかあさんの瞳に私が映る。窓、カーテン
だけでなく、見えないはずの山や海も見え
てくる。瞳の中に、3歳の子どもの世界が
広がる。

⑧スズメぼうし

たつみや章●作　広瀬 弦●絵　あかね書房
1997年
ひろしが公園で見つけた帽子。かぶると
だんだん小さくなり、スズメになってしま
う。スズメになってみると、毛虫を食べな
くてはならないなど、生きることのたいへ
んさを知る。

⑨世界一ちいさな女の子のはなし
　　（マジカルチャイルド②）

サリー・ガードナー●作　三辺律子●訳　小
峰書店　2012年
両親は天才的魔法使いのルビー。魔法学
校では落ちこぼれのルビーは、しかられる
たびに体が小さくなるだけ。でも、救い出
してくれた手品師を助けるために、本をい
っぱい読んでいたルビーは物語の力で大
活躍。このシリーズには、『空を飛んだ男
の子のはなし』『世界一力もちの女の子の
はなし』がある。

⑩スミス先生とふしぎな本
（スミス先生のおはなしワンダーランド！）

マイケル・ガーランド●作　藤原宏之●訳　新
日本出版社　2011年
スミス先生が本を読み始めると、本の中
から海賊が飛び出して教室で暴れ始めた。
翌日からお話の主人公と動物たちが次々
と飛び出してきた。他に『スミス先生と海
のぼうけん』『スミス先生とおばけ図書館』
『スミス先生ときょうりゅうの国』がある。

⑪百まいのドレス

エレナー・エスティス●作　石井桃子●訳　ル
イス・スロボドキン●絵　岩波書店　2006年
ワンダは貧しいポーランド移民の女の子。
からかわれても「百枚のドレス」を持って
いると言いはる。思春期の少女たちのあい
だに、貧しさや人種などの差別がもたらす
葛藤をていねいに描いている。

⑫木のうた

イエラ・マリ●さく　ほるぷ出版　1977年
1本の木の四季を描いた文字のない絵本。
四季の変化とともに、動物たちが巣穴を
掘ったり、鳥が巣を作ったり、たくさんの
物語が絵から読み取れる。絵に言葉を添え

てお話をつくると楽しい。

⑬風をつむぐ少年

ポール・フライシュマン　片岡しのぶ●訳
あすなろ書房　1999年
引っ越し先のまわりにとけ込めない16歳
のブレンド。自暴自棄になり車で自殺をは
かるが、見知らぬ少女を死なせてしまう。
少女の母の願った償いは、アメリカ大陸
の四隅に、風で動く人形を立てることだっ
た。

⑭あのころはフリードリヒがいた

ハンス・ペーター・リヒター●作　上田真而子
●訳　岩波少年文庫 新版　2000年
1925年、ドイツで生まれたユダヤ人と
ドイツ人の男の子。市民が戦争に巻き込
まれ、2人の少年の運命が大きく変わる、
ヒットラー時代の流れを鋭く描く。

⑮「読書がたのしくなる　ニッポン
の文学」シリーズ（15巻）

くもん出版　2007～2013年

「読書がたのしくなる　世界の
文学」シリーズ（10巻）

くもん出版　2014～2016年
近代の文豪の作品をテーマごとに紹介する
アンソロジー。短編集で読みやすく、国内
外の作品が読め、名作への導入にもなる。

⑯本物の絵巻を現代語で読む
竹取物語絵巻

樺島忠夫●本文解説　杉本まゆ子●解説
絵巻（宮内庁書陵部蔵・国立国会図書館蔵）
勉誠出版　2003年
穏やかな色調の絵巻を用い、竹取物語をて
いねいで優しい口調で語っている。絵巻を

味わい、物語を楽しむことができる。

⑰野坂昭如 戦争童話集 沖縄戦 ウミガメと少年

野坂昭如●作 男鹿和雄●絵 早川敦子●英訳
徳間書店 2008年
激しい沖縄戦のさなか、産卵にきたウミガメと1人の少年の出会いが描かれています。悲惨な戦場と対照的な美しい自然。英訳付き。

⑱ブロード街の12日間

デボラ・ホプキンソン 千葉茂樹●訳 あすなろ書房 2014年
ロンドンの下町ブロード街に青い恐怖（コレラ）が襲う。史実を基に、街を救うために奔走した少年の視点で描かれるスリルあふれる物語。

詩やことばの おもしろさにいざなう

⑲赤ちゃんとお母さん

まど・みちお 童話屋 2007年
幼年期から中学年にかけて家庭や教室で読み合い、口ずさみたい詩を集めた、まど・みちおの詩のアンソロジー。

⑳かぜのアパート （こやま峰子詩集）

こやま峰子 銅版画●市川曜子 朔北社 2003年
ジャングルジム、えんぴつ、つくえなど、日常生活の中にある身近な物に視点をあて、そこに新しい言葉の世界をつくり出す。

このシリーズには『しっぽのクレヨン』『ことばのたしざん』もあり、それぞれ別の作家による銅版画が詩の世界を広げている。

㉑あっぱれ のはらうた

くどうなおこ●詩・文 ほてはまたかし●絵 童話屋 2014年
詩集『のはらうた』からの30年を祝って、125人にもなった「のはらみんな」がうたい出す。以前うたった詩に、その作者からのメッセージが一緒になって、あたたかくて元気が出てくる本。

㉒みんなでつくる1本の辞書

飯田朝子●文 寄藤文平●絵 福音館書店 2015年
物を数えるときに「1本」「2本」と数えることが多い。果たしてどんな物を数えるときに「本」を使うのか調べると、実にさまざまなものがあることに気づく。

㉓言葉の風景 （日本語と色の風景シリーズ）

野呂希一●写真・構成 荒井和生●文 青葉社 2000年
日本の四季折々の風景と、季節ごとの繊細な雰囲気や印象を伝えるための美しい言葉。風景の写真とともにそれを伝えるための言葉や文が表された本。他に「文字」「色」「旅路」「心」「暦」の本もある。

㉔似ていることば （「目でみることば」シリーズ）

おかべたかし●文 やまでたかし●写真 東京書籍 2014年
「陰」と「影」、「ミミズク」と「フクロウ」の違いは？ 微妙な言葉の違いをユーモアのある写真と短い文で説明している。このシリーズには『目でみる漢字』『目でみることば』『似ている英語』もある。

より広い世界を発見する

㉕いっぽんの鉛筆のむこうに

谷川俊太郎●文　坂井信彦ほか●写真　堀内誠一●絵　福音館書店　1989年

黒鉛を掘り出す人、木を切り出す人、原料を運ぶ人、鉛筆工場の人。世界中のたくさんの人の手によって1本の鉛筆が作られる。

㉖おとうとは青がすき
アフリカの色のお話
（アフリカのくらしや文化に親しむ写真絵本）

イフェオマ・オニェフル●作・写真　さくまゆみこ●訳　偕成社　2006年

青色が好きという弟に、姉がアフリカの文化や暮らしに沿って色に関わる言葉を教えていく。鮮やかな色彩と人々の明るい表情が印象的。他に『AはアフリカのA　アルファベットでたどるアフリカのくらし』『おばあちゃんにおみやげを　アフリカの数のお話』の本がある。

㉗見えなくてもだいじょうぶ？
（あかね・新えほんシリーズ）

フランツ＝ヨーゼフ・ファイニク●作　フェレーナ・バルハウス●絵　ささき たづこ●訳　あかね書房　2005年

迷子になったカーラは、目の見えない"マチウス兄さん"に助けられる。2人で歩くうちに、目の見えない人のための工夫や設備を知っていく。

㉘エヴァ先生のふしぎな授業

シェシュテイン・カヴァンデル　川上邦夫●訳　新評論　2005年

エヴァ先生の教室の奥に秘密の扉がある。生徒は1人ずつそこに入って、ヨーロッパのさまざまな国、さまざまな時代を旅する地理の授業。EUの発足にともない、子どもたちにその協同する国々への関心を育てる試み。

㉙えほん 北緯36度線

小林 豊　ポプラ社　1999年

自転車に乗った2人の少年が、東京を旅立ち大きな鳥に導かれ西に向かう。東京と同じ北緯36度に位置する国々と人々のようすが描かれている。世界の広さを楽しい絵が伝えている。

㉚世界一素朴な質問、宇宙一美しい答え
世界の第一人者100人が100の質問に答える

ジェンマ・エルウィン・ハリス●編　西田美緒子●訳　タイマタカシ●絵　河出書房新社　2013年

「どうして音楽があるの?」「夢はどんなふうに生まれるの?」など子どもの素朴な疑問にイギリスの専門家が誠実に答えている。

㉛世界でいちばん貧しい大統領のスピーチ

くさばよしみ●編　中川 学●絵　汐文社　2014年

2012年の「環境が悪化した地球の未来」についての国際会議。小国ウルグアイのムヒカ大統領の演説に大きな拍手がわき起こった。人間にとっての幸福を、深く問い

かけた内容をイラスト入りで子ども向けにわかりやすく訳した絵本。

㉜「哲学のおやつ」
10代からのレッスン（全9巻）

ブリジット・ラベ他　西川葉澄他●訳　汐文社　2008 ～ 2010年

「生きる、死ぬ」「美しい、みにくい」「じぶん、他人」などのテーマをわかりやすく問いかけ、討論を誘い、異なる意見を尊重して考えるように導く。フランスで子どもを対象に実際に行われているアニマシオンのテキスト。

㉝アフガニスタン 山の学校の子どもたち

長倉洋海　偕成社　2006年

アフガニスタン北部の峡谷、戦争が終わり学校が始まる。写真で綴る学校と自然と子どもたちのようす。まぶしいほどの笑顔が印象的。

㉞絵で読む 広島の原爆

文●那須正幹　西村繁男●絵　福音館書店　1995年

被爆者である作者がさまざまな資料に目を通したり、証言者を訪ねたりして、多様な角度から原爆を文章化している。また、画家の繊細な絵が、みごとに広島を描いている。原爆投下前と後の両方の絵が、より原爆の悲惨さを訴えている。学習の資料としてもわかりやすい。

㉟ モーツァルトはおことわり

マイケル・モーパーゴ●作　マイケル・フォアマン●絵　さくまゆみこ●訳　岩崎書店　2010年

世界的に有名なバイオリニストのレヴィ氏はモーツァルトの曲は決して弾かない。その理由とは？ 美しい絵とともに過去の悲劇が語られていく。

㊱大きな木のような人

いせひでこ　講談社　2009年

日本からやってきた女の子とパリの植物園の研究者との交流を通して植物のいのちが描かれている。美しい絵に描かれた四季のようすをゆっくり味わいたい。

㊲えほん 日本国憲法
しあわせに生きるための道具

野村まり子●絵・文　笹沼弘志●監修　明石書店　2008年

日本の憲法は人の存在を尊重し人としての尊厳を保障する、力強さと優しさがある。憲法の歴史と内容が絵やわかりやすい言葉で伝えられている。

㊳ 1歳から100歳の夢

日本ドリームプロジェクト●編集　いろは出版　2006年

「あなたの夢はなんですか?」1歳から100歳の100人にたずねてみる。夢を語る人の表情が輝いている。人生ってすてきだと元気になってくる。

㊴ぼくたちはなぜ、学校へ行くのか。
マララ・ユスフザイさんの国連演説から考える

マララ・ユスフザイ●述　石井光太●文　ポプラ社　2013年

マララさんの演説を紹介。そして、世界の国を訪れ、子どもたちの姿を見てきた作者が、「学校で勉強し自分の言葉で考え、伝えること」の大切さを写真に添えて説く。

⑩「人権の絵本」(全6巻)

喜多明人　岩川直樹　満川尚美　岩辺泰吏
●編集　木原千春●絵　大月書店　2000年
異なる1人ひとりが大切にされなければ
ならないということを基本にして、歴史
や身のまわりの問題など、さまざまな角
度から人権について述べられている。わ
かりやすい文章と絵による子どもとおと
なに向けた本。

⑪手塚治虫の描いた戦争

手塚治虫　朝日文庫　2010年
自らの戦争体験を描いた「紙の砦」、ベト
ナム戦争を非難する「アナフィラキシー」
など戦争をテーマにした手塚治虫の漫画
を収めている。

アニメーター
として学ぶ

⑫橋をかける
子供時代の読書の思い出

美智子　文春文庫　2009年
1998年9月にインドで行われたIBBY（国
際児童図書評議会）第26回世界大会で上
映されたビデオテープによる講演の記録。
少女時代の読書が世界と自分とに橋を架
け、人格形成に深い役割を果たしたことを
語っている。

⑬読書からはじまる

長田弘　NHKライブラリー　2006年
読書という行為が人間にとってどのよう

な意味をもつのか、ていねいに語ってい
る。「自分の心のなかに失いたくない言葉
の蓄え場所をつくり出すことが、読書で
す」と、読書の原点を示す。

⑭本の運命

井上ひさし　文春文庫　2000年
作家、戯曲家として、日本語について多様
な発言をしてきた著者の講演記録。本が持
つ人類史的な意味合いまで熱く語ってい
る。「本嫌いにする法」は、現場教師には必
読と言える。

⑮いわずにおれない

まど・みちお　集英社be文庫　2005年
作者が自分の詩はどのようにして生まれ、
どのような思いを込めて創作しているの
か、インタビューにこたえて思う存分に
語っている。まど・みちおを理解するうえ
で欠かせない本。

⑯にほんご

大岡信他　福音館書店　1979年
安野光雅、大岡信、谷川俊太郎、松居直に
よって、国語教科書の在り方への批判的意
味合いを込めた提案としてつくられた。挨
拶の言葉から、詩へ。絵から創造していく
物語の提案など、教室で使いたいテキスト
としての刺激に満ちている。

⑰おーい ぽぽんた
声で読む日本の詩歌166

茨木のり子他●編　福音館書店　2001年
万葉集から現代詩まで子どもたちに口ず
さんでほしい俳句・短歌・詩、166編を収
録している。特に別冊『俳句・短歌鑑賞』
の大岡信の解説文は、子どもにどう語るか
を教えてくれる。

㊽「新しい人」の方へ
大江健三郎　朝日文庫　朝日新聞社　2007年
中学生くらいからの人に向かって、この混沌とした世界をどう誠実に生きるか、語りかける。「新しい人」とは、「むずかしい対立のなかにある二つのあいだに、ほんとうの和解をもたらす人」と描く。そのために、たくさんの小さなバトンを手渡し続けることと呼びかける。

㊾宮澤賢治の心を読むⅠ、Ⅱ、Ⅲ
草山万兎 童話屋　2011年 2012年 2015年
「セロ弾きのゴーシュ」「どんぐりと山猫」「よだかの星」などの作品に込められている宮澤賢治のメッセージを子どもたちに向かって、動物学者の視点から、わかりやすく読み解いている。草山万兎は動物学者・河合雅雄のペンネーム。

㊿子どもの本を読む
河合隼雄　河合俊雄●編　岩波現代文庫　2013年
ケストナーの『飛ぶ教室』から長新太の絵本『つみつみニャー』まで多様な児童書を取り上げ、その作品世界を深く分析して、子どもにもたらす意義を読み解いている。著者は日本の臨床心理学の開拓者。

(51)子どもたちに詩をいっぱい　暗唱・群読・言葉あそび85編
岩辺泰吏●編著　労働旬報社　1996年
「あてっこ詩」「まねっこ詩」など、子どもたちとともに開発した、詩を楽しむさまざまな手法が並んでいる。子どもの作品も詩人と同格に並んでいて、詩を生活のなかに定着していこうというメッセージが込められている。

(52)詩ってなんだろう
谷川俊太郎　ちくま文庫　2007年
詩とは何かという疑問にこたえる。わらべうたから現代詩までを並べ、著者の詩に対する考えを子どもに向かって体系的に説いている。

(53)子どもたちはワハハの俳句探偵団　俳句づくり・学習実用アイテム
佐藤広也　労働旬報社　1997年
俳句カルタ、俳句ドラマづくり、名句カード、俳句手帳など、俳句が楽しくなるアイテム満載の本。さまざまな俳句を味わうだけでなく、俳句をつくって楽しむ方法も紹介されている。

（岩辺泰吏・増田栄子・渡部康夫）

〈通称〉アニマシオンクラブ

読書のアニマシオン研究会
紹介

アニマシオンとは、読書を含め、文化、スポーツにいざなうために「たのしいひととき」をつくり出す社会文化活動です。私たちの研究会は、このアニマシオンの手法を学びと読書、子どもの世界に応用しようと1997年に発足しました。教員、司書を中心に、学校や図書館で使えるアニマシオンを開発・普及しています。

全国で200名以上の方が会員登録し、青森、鹿児島、沖縄には、ともに研究し合う地域のアニマシオンクラブがあります。

2011年からは「読書のアニマシオン全国交流研究集会」を開催。読書のアニマシオンの理論、手法の研究を深めています。また、毎年東京で、学習講座も開いています。

読書のアニマシオン研究会（アニマシオンクラブ）

- 代表　岩辺泰吏
- 月例会　毎月第一土曜日　13:30~16:00
  ワークショップ形式でどなたでも参加できます。
  詳細は、ホームページをご覧ください。
- 年会費 ● 2000円（メール会員は1500円）
- 会員には、機関紙『ファンタジスタ!』（隔月刊）をお届けします。
- 連絡先　事務局　笠井英彦
  　　　　tel/fax 050-3440-4947
  　　　　メールアドレス hidehikok@yahoo.co.jp

地域のアニマシオンクラブの連絡先

- 青森アニマシオンクラブ　　　佐々木あさ子　kosaakisasa@yahoo.co.jp
- 鹿児島アニマシオン倶楽部　　久川文乃　　　aya.hisakawa123@gmail.com
- 沖縄アニマシオンクラブ　　　比嘉千恵美　　desk_pencil_chiezou@yahoo.co.jp

「読書のアニマシオン」関連サイト

- 読書のアニマシオン研究会ホームページ　　http://www.animation-club.net/

主な出版物

- 『ぼくらは物語探偵団 まなび・わくわく・アニマシオン』1999年
- 『はじめてのアニマシオン 1冊の本が宝島』2003年（ともに、柏書房）

第Ⅰ部

岩辺泰吏 (いわなべたいじ) 元東京都公立小学校教諭、元明治学院大学教授、読書のアニマシオン研究会代表★

第Ⅱ部

1

笹島朋美 (ささじまともみ) 東京都公立小学校教諭★

井上桂子 (いのうえけいこ) 元東京都公立小学校教諭★

渡部康夫 (わたなべやすお) 元川崎市立小学校教諭、いぬくら子ども文庫主宰、読書のアニマシオン研究会副代表★

徳留絵里 (とくどめえり) 指宿市立山川図書館副館長、NPO法人・本と人とをつなぐ「そらまめの会」理事、かごしまアニマシオン倶楽部

太田和順子 (おおたわじゅんこ) 千葉県市川市立小学校学校司書

小山公一 (こやまこういち) 元東京都私立小学校教諭、読書のアニマシオン研究会副代表★

伊藤美佐子 (いとうみさこ) 元東京都公立中学校教諭

菊池一朗 (きくちいちろう) 高知県公立小学校教諭

2

滝脇れい子 (たきわきれいこ) 元東京都公立小学校教諭★

吉田美佐子 (よしだみさこ) 東京都公立中学校学校司書

根岸由美子 (ねぎしゆみこ) 東京都公立小学校教諭

佐藤広也 (さとうひろや) 札幌市公立小学校教諭

金指孝造 (かなざしこうぞう) 元東京都公立小学校教諭

大谷清美 (おおたにきよみ) 元東京都公立中学校教諭★

藤條　学 (とうじょうまなぶ) 東京都公立小学校教諭

増田栄子 (ますだえいこ) 千葉県公立中学校教諭、清泉女子大学非常勤講師★

田邊妙子 (たなべたえこ) 東京都公立小学校教諭

若松由花 (わかまつゆか) 青森県公立小学校教諭、青森アニマシオンクラブ

3

丸田香織（まるたかおり）川崎市立小学校教諭

本田洋尭（ほんだひろたか）東京都公立小学校教諭

石井啓子（いしいけいこ）元東京都公立小学校教諭、杉並区立済美教育センター学校図
　書館支援担当★

緒方敬司（おがたたかし）東京都公立小学校教諭

田所恭介（たどころきょうすけ）元東京都公立小学校教諭、読書のアニマシオン研究会副
　代表★

笠井英彦（かさいひでひこ）静岡市立中学校教諭、読書のアニマシオン研究会事務局長★

千田てるみ（せんだてるみ）元東京都公立小学校教諭★

海保進一（かいほしんいち）東京都私立小学校教諭

山内絹子（やまうちきぬこ）元沖縄県公立小中学校学校図書館司書、沖縄アニマシオン
　クラブ

知念あかね（ちねんあかね）沖縄県公立小学校教諭、沖縄アニマシオンクラブ

福田孝子（ふくたたかこ）元埼玉県公立小学校教諭、三郷市教育委員会読書活動支援員、
　東京学芸大学非常勤講師

第Ⅲ部 -

種村エイ子（たねむらえいこ）鹿児島国際大学教授、かごしまアニマシオン倶楽部代表

久川文乃（ひさかわあやの）指宿市立山川図書館館長、NPO法人・本と人とをつなぐ「そ
　らまめの会」理事、かごしまアニマシオン倶楽部

廣澤貴理子（ひろさわきりこ）徳島市立図書館副館長、元小学校図書館職員

前原華子（まえはらはなこ）鹿児島市立学校学校司書、かごしまアニマシオン倶楽部

第Ⅳ部 -

津金由美（つがねゆみ）元千葉県公立小学校教諭

廣畑　環（ひろはたたまき）元東京都公立中学校教諭★

●本書の制作にあたりお力添えくださった出版社のみなさまに、
　お礼申し上げます。

カバー・表紙・とびらイラスト、パラパラマンガ　関口シュン
カバー・本文デザイン・DTP　青山 鮎

子どもの心に本をとどける
30のアニマシオン

- -
2016 年 4 月 30 日　第 1 刷発行
2022 年 4 月　4 日　第 4 刷発行

編著者●岩辺泰吏&読書のアニマシオン研究会
発行者●竹村正治
発行所●株式会社　かもがわ出版
　　　　〒602-8119　京都市上京区堀川通出水西入
　　　　TEL 075-432-2868　　FAX 075-432-2869
　　　　振替　01010-5-12436
　　　　ホームページ　http://www.kamogawa.co.jp
印刷所●シナノ書籍印刷株式会社
ISBN 978-4-7803-0813-6　C0037